Rodin · Die Kathedralen Frankreichs

Auguste Rodin

Die Kathedralen Frankreichs

Reisebilder, übersetzt von Max Brod

mit Skizzen Rodins auf 36 Tafeln

Nachwort von Beat Wyss

Verlag für Architektur · Artemis

Zürich und München

Die Übersetzungsrechte von Max Brod liegen bei
Frau Ilse Ester Hoffe, Tel Aviv. Für die Genehmigung
der Neuauflage sei ihr gedankt.

Die Originalausgabe erschien unter dem Titel
«Les Cathédrales de France» bei Librairie Armand Colin, Paris 1914.
Die deutsche Übersetzung von Max Brod erschien
im Verlag Kurt Wolff, Leipzig 1917.
© 1988 Verlag für Architektur · Artemis
Zürich und München
Printed in Germany. ISBN. 3-7608-8069-X

I AUXERRE

INHALT

Einführung in die Kunst des Mittelalters
Grundsätze

I

Die Kathedralen rufen ein Gefühl von Zuversicht, Vertrauen, Frieden hervor. Wodurch?
Durch ihre Harmonie.

Einige technische Anmerkungen sind hier vonnöten.

Die Harmonie des lebenden Körpers entsteht durch das Gleichgewicht bewegter
Massen. Die Kathedrale ist im Ebenbilde lebender Körper erbaut. Ihre Proportionen, ihre
Gleichgewichtsbeziehungen entsprechen genau der Ordnung in der Natur, entspringen
allgemeinen Gesetzen. Die großen Meister, die diese Wunder der Baukunst errichtet haben, beherrschten die gesamte Wissenschaft und verstanden sie zu nutzen, da sie, aus den
natürlichen, ursprünglichen Quellen geschöpft, in ihnen lebendig geblieben war.

Jedermann weiß, daß der menschliche Körper in Bewegung labil ist und daß sein
Gleichgewicht durch Ausgleichung wiederhergestellt wird. Das Standbein bildet, indem
es unter den Körper tritt, die einzige Stütze des ganzen Körpers und vollbringt in diesem
Augenblick die ganze Kraftleistung. Das Spielbein dient nur dazu, die Haltung gradweise
zu verändern, bis es zur Entlastung des Standbeines selbst Standbein wird. Dies nennt
man in der gewöhnlichen Rede «ausspannen», indem man das Körpergewicht von einem
Bein auf das andere verlegt; so würde eine Karyatide ihre Last von einer Schulter auf die
andere wälzen. —

Diese Bemerkungen haben für die Betrachtung der Kathedralen einige Wichtigkeit. Die kompensierten Gleichgewichtsstörungen, diese immerwährenden, unbewußten
Gebärden des Lebens erklären das Prinzip, welches die Architekten des Strebepfeilers
anwandten und dessen sie zur sicheren Stützung ihrer gewaltigen Gewölbemassen be-
durften.

Und wie jedes vernünftig angewendete Prinzip glückliche Folgen auf allen Gebieten, weit über die unmittelbaren Absichten des Wissenschaftlers hinaus, nach sich zieht,
so wurden die Gotiker große Maler, weil sie große Architekten waren. — Selbstverständ-
lich nehmen wir hier das Wort Maler in seinem weitesten, allgemeinsten Sinn. Die Farben, in die unsere Maler ihre Pinsel tauchen, sind nichts als Licht und Schatten des Tages
und der beiden Dämmerungen. Die Flächen, durch die großen Gegensätze entstanden,
welche die Kathedralen-Baumeister zu bewältigen hatten, haben nicht nur auf Gleich-

gewicht und Festigkeit Bezug; sie bestimmen außerdem jene tiefen Schatten und schönen Lichter, die dem Bauwerk ein so herrliches Kleid geben. Denn alles hängt zusammen, das geringste Teilchen Wahrheit bedingt die ganze Wahrheit und das Schöne unterscheidet sich nicht vom Zweckmäßigen, was auch die Unwissenden darüber denken mögen.

Die großen Schatten und Lichter nun ruhen auf nichts als eben diesen Hauptflächen, den einzigen, die auf die Entfernung hin wirken, die ohne Dürftigkeit und Armut sind, da in ihnen die Halbtöne vorwiegen. Und trotz ihrer Großartigkeit, oder noch besser, gerade ihretwegen sind diese Linien, diese Flächen einfach und leicht. Vergessen wir es nicht: Die Kraft ist es, die die Grazie erzeugt; es ist eine Perversität des Geschmacks oder des Geistes, die Grazie in der Schwäche zu suchen. Die Details sind dazu da, um von der Nähe gesehen zu entzücken und, von weitem gesehen, die Umrisse machtvoll zu gestalten. —

Nur Wirkungen von solcher Intensität konnten auf weite Entfernungen tragen. Nun erhob sich die Kathedrale, um die Stadt zu beherrschen, die sich wie unter Flügel um sie drängte, erhob sich, um als Sammelplatz, als Zufluchtsstätte den auf weiten Wegen verirrten Pilgern zu dienen, ihnen gleichsam ein Leuchtturm zu sein, um lebendige Augen tagsüber ebenso weithin zu erreichen als das Angelus und die Sturmglocken lebendige Ohren des Nachts. Auch die Natur weiß es, daß für die Schönheit der großen Wesen und selbst für ihre Grazie das vollkommene Gleichgewicht der Massen genügt; sie gewährt ihnen nur das Wesentliche. Aber das Wesentliche ist eben alles!

So auch die großen Flächen, die an gotischen Bauten durch den Schnitt der Diagonalbogen im Kreuzgewölbe entstehen. Welche Vornehmheit in diesen einfachen und so starken Flächen! Dank ihnen wirken Licht und Schatten gegenseitig aufeinander, rufen die Halbtöne hervor und damit das Wesentliche der Fülle, die wir an diesen gewaltigen Bauwerken bewundern. Diese Wirkung ist rein malerisch.

Wir sind also anläßlich der Architektur sofort dazu gekommen, von der Malerei zu sprechen. Und wirklich, dieses Spiel, diese harmonische Verwendung von Tag und Nacht ist Zweck und Mittel, ist im eigentlichen Sinne die Lebensform aller Künste. Ist sie nicht (zum Beispiel) die ganze Architektur? Die Architektur ist zugleich die geistigste und die sinnlichste aller Künste, diejenige, die auf das Entschiedenste alle menschlichen Fähigkeiten erfordert; in keiner anderen wirken Phantasie und Vernunft so tätig mit, doch ist sie auch am unmittelbarsten den Gesetzen der Atmosphäre unterworfen, von der die Bauwerke beständig umspült werden.

Um Licht und Schatten ihrem Wesen und seinen Absichten gemäß zu benützen, verfügt der Architekt nur über gewisse Kombinationen geometrischer Flächen. Welch ungeheure Wirkungen kann er aus diesen immerhin beschränkten Mitteln schöpfen! — Sollten die Wirkungen in der Kunst um so größer sein, je einfacher die Mittel sind? Sicherlich, denn es ist das höchste Ziel der Kunst, das Wesentliche auszudrücken. Alles, was nicht wesentlich ist, gehört nicht zur Kunst. Schwierig ist es nur, das Wesentliche

II AUXERRE

vom Unwesentlichen zu sondern; je reicher die Mittel sind, desto mehr steigt die Schwierigkeit, desto bedenklicher wird es, die zufälligen Nuancen zur Geltung zu bringen, ohne ihre natürliche Freiheit zu verletzen und ohne doch auch wiederum der auszudrückenden Idee Gewalt anzutun.

Sind diese höchsten Ziele der Architektur nicht dieselben wie die der Skulptur? Der Bildhauer, der seine Modelle den Formen des sinnlichen Lebens entnimmt, den Pflanzen, Tieren, dem Manne und dem Weibe, wird gewiß auf wunderbare Weise durch die unerschöpfliche Abwechslung in all dieser Schönheit unterstützt; doch gerade die Mannigfaltigkeit kann eine Gefahr für ihn werden. Er gelangt nur dann zum großen Ausdruck, wenn er sein ganzes Studium dem harmonischen Spiel von Licht und Schatten widmet, genau so, wie der Architekt es tut. Im letzten Grunde sind es also immer Licht und Schatten, die der Bildhauer wie auch der Architekt formt und bildet. Die Skulptur ist nur eine Unterart im ungeheuern Gebiet der Architektur, und wir sollten niemals von ihr reden, ohne sie dieser unterzuordnen.

Wie sehr die «Meisterwerke» wirklich «Meisterwerke» sind, weiß ich wohl, und wie freue ich mich, es zu wissen! Es ist genau ebenso, wie große Seelen große Seelen sind. Nur indem sie sich zum zwingend Notwendigen im Ausdruck ihrer Gedanken und Gefühle erheben, gelangen Mensch und Künstler zu würdiger Vollkommenheit. Das Meisterwerk ist notwendigerweise eine sehr einfache Sache, die jedoch, wiederholen wir es, nur das Wesentliche enthält. Alle Meisterwerke wären auf ganz natürlichem Wege dem Volke verständlich, wenn dieses nicht den Sinn für die Einfachheit verloren hätte. Aber selbst dann, wenn die Menge unfähig geworden ist, zu verstehen, muß der Künstler gleichwohl ein volkhaftes Gefühl, gleichsam eine «Massenseele» besitzen, um Meisterwerke auffassen und schaffen zu können. Was er mit den Meistern verstehen muß, muß er mit dem Volke fühlen, auch wenn dieses nur ideell gegenwärtig ist. Und so werden auch die Meister wieder «Volk», um mit dem Herzen, mit der Liebe nachzuschaffen, was sie verstandesmäßig entdeckt haben.

Die gotische Architektur, die das Volk voraussetzt, für das Volk bestimmt ist, sie spricht zu ihm in der grandiosen einfachen Sprache der Meisterwerke. Das Gebäude verteilt Licht und Schatten und beherrscht sie beide mittels der Flächen, auf denen es sie empfängt. Während die eine der beiden gegenüberliegenden Flächen beleuchtet ist, ist die andere im Schatten. Die beiden, an sich schon ausgedehnten Flächen, vergrößern sich noch durch den Gegensatz. Die Antike kennzeichnet sich durch kürzere Flächen als die Gotik. Die Flächen der Gotik entsprechen kräftigen Tiefenwirkungen. Diese tiefen Schatten sind aber immer weich, halten sich im Halbton, diesem Schweben des Lichtes, diesem verliebten Kosen der Sonne.

13

Nur wenig Schwarz. Das Schwarz ist ein Gewaltmittel, dessen, wie es scheint, Werke, die für das volle Licht bestimmt sind, nicht bedürfen. Unsere modernen Architekten mißbrauchen das Schwarz; deshalb ist alles, was sie schaffen, so hart, dürftig, ja armselig. Die Renaissance, die von der Gotik ausging, verwendet Schwarz nur wie einen Akzent; überall sind Halbtöne. Daher die Schiefe der Bogenrundungen, die Ausweitung der Vorhallen, das Hervorspringen der Strebepfeiler in der Fassade, und überhaupt all die schrägen Flächen an der Achse des Bauwerks, die zugleich schmücken, die Einheit seiner Größe betonen und Halbdunkel hervorrufen. Man findet diese schrägen Flächen in den Basreliefs wieder und selbst in den Skulpturen der Portalbogen; dies ist die allgemeine Methode der gotischen Arbeit, und so herrschst überall dieselbe kluge und gefühlvolle Zartheit, begleitet von derselben Energie.

Ich möchte diese großartige Kunst lieben lehren und mitwirken, das zu retten, was von ihr noch unversehrt geblieben ist, möchte die große Lehre der heute mißverstandenen Vergangenheit für unsere Kinder aufbewahren.

Aus diesem Wunsche heraus versuche ich es, die Geister und die Herzen zum Verständnis und zur Liebe aufzurufen.

Doch ich kann nicht alles sagen. Sehet selbst. Und vor allem blicket mit Bescheidenheit und Empfänglichkeit. Stimmet euch zur Arbeit und zur Achtung.

Gehen wir gemeinsam an das Studium . . .

II

— Doch wo beginnen?

— Es gibt da keinen Anfang. Nehmt es, wie es kommt, verweilt bei dem, was euch am meisten lockt. Und arbeitet! Ihr werdet nach und nach zum Ganzen gelangen. Die Methode wird aus dem gesteigerten Interesse herauswachsen; die Einzelheiten, die euer Blick beim ersten Anschauen sondert, um sie zu zergliedern, werden sich vereinigen und das Ganze bilden.

In der süßen Einsamkeit der Arbeit lernt man zunächst die Geduld, die uns wieder Energie lehrt, und diese gibt uns die ewige Jugend, die aus Andacht und Begeisterung hervorquillt. Dann kann man das Leben sehen und verstehen, dieses köstliche Leben, das wir durch die Ränke unseres unfreien Geistes entwürdigen, wiewohl wir von Meisterwerken der Natur und der Kunst umgeben sind; aber wir verstehn sie nicht mehr, träge trotz unserer Unruhe, blind inmitten aller Herrlichkeiten.

Wenn es uns gelänge, die gotische Kunst zu verstehen, würden wir mit unwiderstehlicher Kraft zur Wahrheit zurückgeführt werden.

Wie wahr, richtig und fruchtbar war doch die Methode unserer alten Meister vom

14

11. bis zum 18. Jahrhundert! Diese Methode, im großen Maßstab und auf Vereinigung aller menschlichen Kräfte eines Zeitalters angewendet, ist nichts als die Methode unserer persönlichen Fähigkeiten, wenn sie richtig geleitet werden. Es ist die ununterbrochene Zusammenarbeit des Menschen mit der Natur.

Wo will man also Erkenntnis suchen? Überall. Man muß sie in den geringsten wie in den wichtigsten Lebensumständen suchen, in unserem Instinkt wie in unserer Überlegung.

So geschieht es oft, daß man von äußerlich unscheinbaren Dingen am meisten lernt. Die Arbeit ist etwas Geheimnisvolles. Sie gewährt den Geduldigen und den Einfachen viel, versagt sich jedoch den Eiligen und den Eitlen; sie gibt sich dem «Lehrling», versagt sich aber dem «Schüler»: und eines Tages kommt das Wunder aus den Händen eines bescheidenen Arbeiters zur Welt.

Wo habe ich die Skulptur verstehen gelernt? Unterwegs, wenn ich die Bäume im Wald betrachtete oder die Wolkenbildungen verfolgte; im Atelier beim Studium des Modells: überall, nur nicht in den Schulen. Was ich von der Natur lernte, versuchte ich in meine Werke zu leiten.

Ebenso hat die Gotik in ihre Meisterwerke die Ziergärten aufgenommen, die Obstgärten, die Spaliere, wie auch Wald und Felsen, alle Gemüse bei den Hütten, die von den Armen so geliebten Legenden, alle ganz zarten Einzelheiten des Lebens wie seine erhebendsten Episoden. Und sie begnügte sich nicht damit, in stetem, demütigem und leidenschaftlichem Bemühen der Natur allenthalben Schönheit abzulauschen, um das Fest der Tage zu gestalten: um dieses Fest zu erneuern, es im Wechsel festzuhalten, eignete sie sich auch die Gesetze an, die das Reich der Natur beherrschen; das war die richtige Methode, die es ihr erlaubt, sich zu variieren, ohne sich selbst aufzuheben, und immer wieder neue Generationen zu entzücken.

Solche Variationen sind die Übergänge von einem Stil zum andern.

Mit welcher Geschmeidigkeit, welchem Reichtum an Erfindung wandelt sich das französische Genie von Epoche zu Epoche, um eine neue Phase in den architektonischen Stil einzuführen! Es zerstört nichts von dem, was da war, es widerspricht in nichts den Grundsätzen der überwundenen Phase. Man folgt dem Gesetz, wie die Natur es macht, um aus der Blüte die Frucht zu treiben. Eine wahrhafte Fortpflanzung des Lebens.

Blume und Frucht sind die Vorbilder der Gotiker. Man lernt viel beim Studium der Übereinstimmungen, der Beziehungen und Analogien, — denn ein und dasselbe Gesetz regiert das Reich des Geistes wie das der Sinne, — vorausgesetzt, daß man das Gefühl dieses allgemeinen Gesetzes schon in sich trägt. Die Gotiker hatten es. Doch diese Entdeckungen sind ebensoviele Entschädigungen. Man erlangt sie nur nach vielen Mühen, vielen Schritten auf einer langen Straße — Abschweifungen auf Irrwege und überlegendes Zögern an Kreuzwegen nicht mitgezählt . . .

Die Gotik hat die französische Renaissance hervorgebracht, indem sie aus ihren sicheren Grundsätzen deren Folgerungen ableitete. Man würde richtiger statt «Wiedergeburt»: «Weiterbildung» sagen ... Es ist hier nicht minder die Kraft, die den Geist und die Grazie erzeugt, und das Ganze stellt einen Traum in mehreren freudigen Szenen dar, der glückliche Geist entrollt sich in Ornamenten wie die Schlange in der Sonne.

Welch ein Land, das eine solche Lebenskraft besaß!

Und es hat sich diese bis in die Tage der Trägheit und Lüge bewahrt, da man sich unterfing, alte Steine ebenso zu fälschen wie alten Wein.

III

Ich weiß es, daß der Mensch in dieser Zeit leidet. Er sehnt sich nach Umschwung. Eine ganz neue Welt flutet um uns und sie ist uns fremd, weil wir ihre Proportionen, ihre Grenzen, ihre Harmonie nicht erkennen. Leitet Orpheus die Entstehung dieser neuen Welt, oder ist es nur die alte Pythonschlange, die immer wieder über den ewig jungen Apoll zu triumphieren glaubt?

Wie dem auch sei, der Mensch hat vor dieser Zeit schon viele Wandlungen durchgemacht; er hat sie immer zu überstehen gewußt, ohne die Vergangenheit der Zukunft zu opfern. Noch unter der Last der Jahrhunderte malen Sphinxe und Tempel ihre majestätische Ruhe an den Horizont; nach Ägypten und Griechenland hat Rom überall die unvertilgbaren Spuren seines beharrlichen und stolzen Charakters zurückgelassen.

Warum hat man gerade die französische Architektur angetastet?

Die Arenen von Nîmes kann ich noch sehen, unsere Kathedralen dagegen wurden in jüngster Zeit halb zerstört! Griechenland ist verstümmelt worden, gewiß, aber Schmerzen und Wunden entehren nicht. Frankreich hat man beschimpft und verleumdet. Das herrliche Steingewand, das uns vor der Zukunft hätte rechtfertigen können, es ist unter die Lumpen der Händler geraten, und diese hassenswerte Tatsache erzürnt und überrascht niemanden.

Wird das Genie der französischen Rasse ebenso vergehen wir jene Phantome und zerstörten Gebilde, denen man nicht mehr nachforscht? Ist sie schon historisch oder mythisch, die Zeit, da die Kathedrale mit ihren Strebepfeilern durch den Raum rudernd, alle Segel gehißt, schön wie für die Ewigkeit, Frankreichs Schiff, Frankreichs Siege, auf ihrer Apsis die Flügel einer knienden Engelsgruppe entfaltete?

Niemand verteidigt unsere Kathedralen.

Die Last des Alters drückt sie nieder und unter dem Vorwand, sie zu heilen, zu «restaurieren», wo er sie nur stützen sollte, macht ihnen der Architekt ein neues Gesicht.

Die Menge steht still vor ihnen, unfähig die Pracht dieser architektonischen Unermeßlichkeiten zu verstehen, bewundert sie jedoch instinktiv. Oh, die stumme Bewunderung dieser Menge! Ich möchte ihr zurufen, daß es keine Täuschung ist, ja unsere franzö-

III AVALLON

sischen Kathedralen sind sehr schön! Aber ihre Schönheit ist nicht so leicht zu verstehen. Studieren wir sie gemeinsam und der eigentliche Sinn wird euch durchdringen, wie er mich durchdrungen hat.

Die Mittel, die zum Verständnis führen, sind rings um euch. Die Kathedrale ist die Synthese des Landes. Ich wiederhole: Felsen, Wälder, Gärten, die Sonne des Nordens, dies alles ist in ihrem gigantischen Körper enthalten, unser ganzes Frankreich ist in unsern Kathedralen, wie ganz Griechenland im Parthenon war.

Ach! Wir stehen im Abend ihres großen Lebenstages. Diese Ahnen sterben und sie sterben als Märtyrer.

Renan hat auf der Akropolis gebetet. Lockt es keinen, auch euch zu verherrlichen, euch zu beschützen, Chartres, Amiens, Le Mans, Reims, Wunder Frankreichs? Haben wir denn keinen neuen Dichter, unsere Kathedralen zu besingen, diese klagenden Jungfrauen, die alle verwundet, aber alle noch so erhaben sind? . . .

Aber die Architektur interessiert uns nicht mehr. Die Zimmer, in denen wir unser Leben hinnehmen, haben keinen Charakter mehr. Sie sind Schachteln, mit einem Mischmasch von Möbeln angefüllt; der Stil «Anhäufung» ist Prinzip. Wie könnten wir da die tiefe Einheit der großen gotischen Symphonie verstehn?

Jene bewundernswürdigen Werkleute, die ihr Denken auf den Himmel konzentrierten und so dazu gelangten, sein Abbild auf Erden festzuhalten, sind nicht mehr da, ihr Werk zu schützen.

Die Zeit raubt ihm täglich etwas von seiner Lebenskraft und die Restauratoren, die es travestieren, nehmen ihm seine Unsterblichkeit. Böse Tage sind gekommen. Selbst jene Geister, die ein reiner Trieb zur Bewunderung hinneigt, haben kein sicheres Verständnis. Erröten wir nicht! Setzen wir unsern Ehrgeiz daran, zu suchen. Ich sage euch, daß unsere Architektur das Wunder unserer Wunder war, daß es unsere Bewunderung und den Dank der Welt verdient hätte, wenn wir es nicht entehrt hätten. Warum wird Frankreich, wenn es am Ende seiner Tage ins Dunkel sinken wird, nicht hoffen können, von der Nachwelt nach seinen Werken und Verdiensten beurteilt zu werden? Es wäre so schön gewesen, wie Griechenland zu sterben, wie die Sonne zu verlöschen, die Welt mit Licht überflutend!

Wir werden weder Athens Glück haben, das in seiner Anmut unterging, noch das Glück Roms, das überall unauslöschlich die Spuren seiner Kraft hinterließ.

Die Gotiker haben Stein auf Stein geschichtet, immer höher, nicht wie Riesen, um Gott anzugreifen, sondern um sich ihm zu nähern. Und Gott hat, wie es in der deutschen Legende heißt, die Kaufleute und Krieger beschenkt, aber was hat denn der Poet erhalten?

«— Wo warst du während der Verteilung? Ich habe dich nicht gesehen, Dichter.
— Herr, ich war zu Deinen Füßen.
— Also wirst du von Zeit zu Zeit zu mir heraufsteigen dürfen.»

Und der Dichter war es, der den Werkmeister geleitet und recht eigentlich die Kathedrale errichtet hat.

Sie stirbt und es ist das Land, das stirbt, von seinen eigenen Kindern geschlagen und mit Füßen getreten. Wir können vor der Schmach unserer ausgewechselten Steine nicht mehr beten. An Stelle lebendiger Steine, die nun im Gerümpel liegen, hat man totes Zeug gesetzt.

Und doch bin ich nicht ganz hoffnungslos.

Unsere alten lebendigen Steine haben trotz allem und trotz allen noch so viel Schönheit! Es ist nicht gelungen, sie zu töten und es ist unsere Pflicht, diese Reliquien zu sammeln und zu verteidigen.

Ehe ich selbst entschwinde, will ich zumindest meine Bewunderung für sie ausgesprochen haben; ich will ihnen meine Dankesschuld zahlen, da ich ihnen so viel Glück verdanke! Ich will diese Steine rühmen, die von ehrfürchtigen und wissenden Künstlern so zart zu Meisterwerken gefügt worden sind. Die Gesimse, lieblich geformt wie Frauenlippen, diese Stätten schöner Schatten, in deren Kraft die Zartheit schlummert, diese schlanken kräftigen Rippen, die gegen die Wölbung hin aufspringen, wo sie sich über den Kelch einer Blume hinneigen, diese Rosetten der Glasscheiben, deren Pracht der scheidenden Sonne oder der Morgenröte entliehen ist.

Um die Kathedralen zu verstehen, genügt es, für die pathetische Sprache dieser Linien empfänglich zu sein, die vom Schatten geschwellt und von der stufenweisen Anordnung der einfachen oder verzierten Strebepfeiler verstärkt sind. Um diese zärtlich geformten, zusammenhängenden und gaukelnden Linien zu verstehen, muß man das Glück haben, verliebt zu sein.

Es ist unmöglich, sich der Magie, der Tugend dieses Wunders zu entziehen, und welchen Vorrat von Kraft und Ruhe könnte die neue Welt daraus ziehen. — Ihr mögt die Erde nach eurem Belieben verändern: ein Ding zumindest bleibt unwandelbar; es ist das Gesetz, welches das Verhältnis zwischen Licht und Schatten bestimmt und aus ihren Gegensätzen die Harmonie schafft. Nach den Künstlern des romanischen Stils haben die Gotiker dieses Gesetz gekannt.

Wenn ihre Meisterwerke nicht mehr vor unseren Augen stehn werden, wird nichts mehr dieses Gesetz für unsern Geist festhalten.

Wenn unsere Kathedralen ihren Todeskampf beendet haben werden, wird das Land verwandelt, entehrt sein, — bis zu jenen fernen Zeiten, da der menschliche Verstand wieder zur unsterblichen Beatrice sich emporschwingt.

Wer will mit mir gehen?...

Ich reise nicht nach Italien, noch anderswohin. Für mich, für mein gegenwärtiges Schauen ist der Himmel die Hauptlandschaft, denn überall ist sein Reich, er wechselt unablässig sein Aussehen, gibt dem Vertrautesten einen neuen Anblick.

Und auch ich selbst habe mich geändert, finde Neues im Bekannten, Schönheit in Formen, die ich früher nicht verstanden habe. Meine Verwandlungen entspringen vor allem meiner Arbeit. Da ich immer eifriger studiert habe, kann ich sagen, daß meine Liebe immer heißer und immer klarer geworden ist.

Zweifellos liebte ich schon in meiner Jugend das Spitzengewebe der Gotik: doch jetzt erst verstehe ich den Sinn und bewundere die Macht dieser Spitzen. Sie schwellen die Profile und erfüllen sie mit Saft. Von der Ferne gesehen, sind diese Profile wie entzük-kende Karyatiden, an die Gesimse geklammert, wie Vegetationen, welche die gerade Linie der Wand umgestalten, wie Konsolen, welche die Schwere mildern.

Allmählich nur bin ich zu unsern alten Kathedralen gelangt, bin in ihr Lebensge-heimnis, das sich unaufhörlich unter dem wechselnden Himmel erneuert, eingedrungen. Heute kann ich sagen, daß ich ihnen meine besten Freuden verdanke.

Romanischer Stil, Gotik, Renaissance! Heute weiß ich es, daß mehrere Lebensal-ter nicht genügen würden, die Schätze an Glück zu erschöpfen, die unsere alten Bauten dem ehrlichen Bewunderer der Schönheit darbieten. Und ich bin ihnen treu; Schnee, Regen und Sonne, sie finden mich immer wieder vor ihnen, mich, den Landstreicher Frankreichs.

Nur wenige Gefährten hatte ich bei meinen Wallfahrten. Und es waren weder Architekten, noch Bildhauer, noch Dichter, noch Priester, noch Staatsmänner; es waren Fremde, die den Baedecker auf seine Behauptungen hin nachprüften.

O! warum verkennt ihr euere wahren Interessen? Warum verschmäht ihr das Glück?

Kommet, wir wollen lernen! Empfanget das wahre Leben von denen, die nicht mehr sind, die uns aber herrliche Zeugnisse ihrer Seele hinterlassen haben.

Bei jedem Besuch vertrauen sie mir Neues an. Sie haben mich die Kunst gelehrt, die Schatten zu verwenden, mit welchen man das Werk einhüllen muß, ich habe auch die Lehre verstanden, die ihre niemals fehlenden, geschwellten Linien geben. *Die französi-schen Kathedralen sind aus der französischen Natur heraus entstanden.* Die leichte und süße Luft unseres Himmels hat unsern Künstlern die Grazie gegeben und ihren Ge-schmack geläutert. Die anbetungswürdige Schwalbe der Nation, behend und anmutig, ist das Symbol ihres Genies. Sie hebt sich im gleichen Schwung empor, und der aufstre-bende zackige Stein irisiert in der grauen Luft wie die Flügel des Vogels.

Wenn die druidische Majestät der großen, von ferne auftauchenden Kathedralen

euch erschüttert, behauptet ihr, daß sie aus natürlichen oder zufälligen Umständen her-
vorgehe, wie zum Beispiel aus ihrer Isolierung in der Landschaft? Ihr irrt euch. Die Seele
der gotischen Kunst liegt in jenem wollüstigen Wechsel von Licht und Schatten, der dem
ganzen Gebäude den Rhythmus gibt und es belebt. Hier liegt ein Wissen, das heute fehlt,
eine bedächtige, maßvolle, geduldige und kräftige Wärme, die unser gieriges, hastiges
Zeitalter nicht begreift. Man muß die Vergangenheit neu durchleben, auf die Grundsätze
zurückgehen, um die Kraft wiederzuerlangen. Einst hat der Geschmack in unserm
Lande regiert: man muß wieder französisch werden! Die Einweihung in die gotische
Schönheit ist die Einweihung in die Wahrheit unserer Rasse, unseres Himmels, unserer
Landschaft...

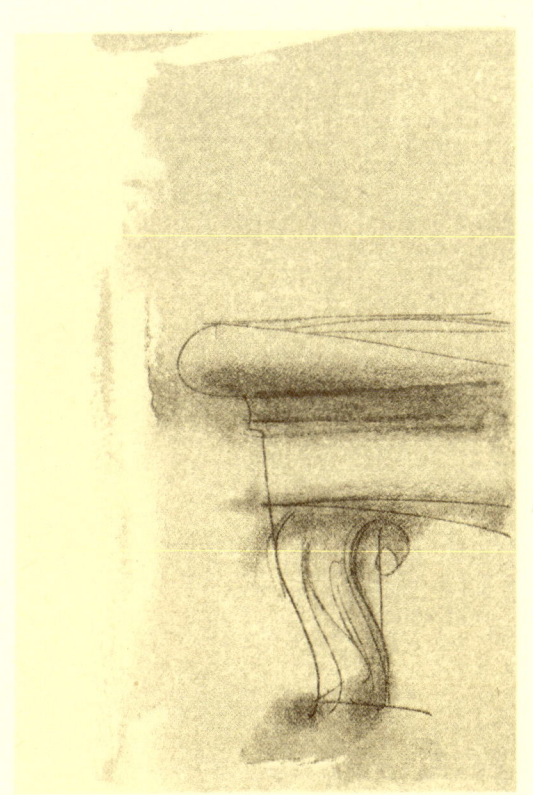

IV BLOIS

Die Natur in Frankreich

Ich behaupte, daß die französischen Kathedralen aus der französischen Natur heraus entstanden sind.

Man kann sie also nur dann verstehen, hat nur dann das Recht, sie zu lieben, wenn man diese Natur versteht und liebt.

Würdet ihr Claude Lorrain, Corot lieben, wenn ihr nicht die Landschaft in euch fühlen würdet, die sie erfaßt, geliebt und dargestellt haben?

Wir werden also zuerst von der Landschaft sprechen, bevor wir die Darstellung betrachten. Und diese Landschaft werden wir in der Provinz suchen und eher in den kleinen Städten als in den großen, vor allem eher als in Paris. Wissenschaft und Industrie haben Paris ausgehöhlt und zerrissen. Gehen wir aufs Land. Die Provinz hat dem Geschmack und Stil noch eine Zufluchtsstätte bewahrt.

Welch ein Kontrast zwischen Vergangenheit und Gegenwart! . . .

Hier eine Straße: auf der einen Seite haben die Häuser den Schmuck ihrer Jahre, edle Linien und bescheidene Maße behalten, sie sind sehr schön und üben auf mich einen unwiderstehlichen Zauber aus; gegenüber auf der anderen Seite wird die Straße im «Stil Babel» umgebaut. Steine aus den Steinbrüchen werden ohne Sinn und Maß einer auf den anderen gehäuft.

Wie konnte dies in solcher Nähe entstehen? Man hat das Vorbild vor Augen und sieht es nicht? Weil man sich weigert, es zu sehen. Der Mensch, der diese schrecklichen neuen Häuser baut, kann ja nicht anders als die schönen alten Bauten verabscheuen: er hat sie gezeichnet, verdammt, er wird sie zerstören. — O ihr schönen Häuser, erwartet die Hacke!

Wenn ich von Kathedralen spreche, denke ich, was die Gegenwart betrifft, an alle unsere französischen Städtchen; was die Vergangenheit betrifft, an das Genie unserer Vorfahren; was Vergangenheit und Gegenwart betrifft, an die Schönheit der Frauen unseres Landes.

Die Natur, das ist Himmel und Erde, das sind die Menschen, die zwischen diesem Himmel und dieser Erde denken und sich plagen, Natur, das sind auch schon die Bauten, welche die Menschen auf dieser Erde gegen diesen Himmel hin errichtet haben.

Von all dem hier nur einige lose Notizen. Man könnte sie vermehren; besser noch, man streicht sie zusammen. — Sie heißen euch die Augen aufmachen.

Gott hat den Himmel nicht dazu geschaffen, damit wir ihn nicht anschauen. Die Wissenschaft ist ein Schleier: lüftet ihn, blicket um euch!
Suchet die Schönheit!
Sie ist für die Tiere vorhanden, sie lockt sie an. Sie bestimmt ihre Wahl zur Zeit der Liebe. Sie wissen, daß die Schönheit ein Zeichen, eine Gewähr für Tauglichkeit und Gesundheit ist. — Aber Wesen, die denken, die zu denken glauben, wissen jetzt noch nicht, was die Tiere immer gewußt haben. Man bildet uns zu unserem Unglück. Die abscheuliche Erziehung, die man uns aufzwingt, verbirgt uns von Kindheit an das Licht.

Dieser Fabrikrauch schwärzt den Himmel nicht.
Aber im Vordergrund breitet dieser drückende Atem der Industrie undurchdringlich schwere Schleier aus, die den Ausblick stören und unsere Blicke trüben.
In der Ferne lösen sich die Wolken in weiße lustige Federbüsche auf, von tausend unsichtbaren Strömungen gebildet...
So erstrahlt der Gedanke, zur Reife gelangt, im Licht und seine Ursprünge bleiben unbekannt.
Die Wolken wandeln sich, wie Gespräche, von leichten freien Geistern geführt.
Sie führen die Beschattung hin und her, wie der Gärtner mit seiner Gießkanne nach rechts und links hin, wo es not tut, Kühle spendet...
Und plötzlich sind sie weiße glatte Schultern. Darüberhin läßt ein Farbenfleck den weiten Himmel leuchten; unten glänzen zu waldigen Hügeln durchsichtige Lichtstrahlen hinab.

Es ist unterhaltend, zu beobachten, wie die Wolken sich ausbreiten oder zusammenziehen, sich zerstreuen und sich wieder vereinigen. Gleich menschlichen Schicksalen und Leidenschaften.

— Ich kenne diesen Himmel genau, es ist der Himmel von Meudon. An Tagen ruhigen Lichtes erfüllt er den ganzen Horizont mit einem gleichmäßigen Glanz, der sich nirgends wiederholt.
Der liebliche Hügel nimmt eine bronzene Färbung an. Eine Bronzemauer mit Zinnen.

Eben zeichneten die Wolken weiße Akanthusblätter klar wie Skulpturen in den Himmel. Jetzt ist es ein Aquarell, eine Tuschzeichnung.

O diese glücklichen Welten, jenseits der Erde, im Frieden, fern von allen Stürmen.

Ehre ich diese Landschaft, wenn ich sage, daß sie auf mich einen italienischen Eindruck macht?

Aber der Zug fährt brausend auf seinen Schienen quer durch dieses Land der Liebe. Man sieht den schwarzen Schlangenrücken laufen. Er hinterläßt weiße Flocken, die rasch verschwinden; Sinnbilder der vielbeschäftigten Zeit. Und die kräftigen Farben des Tages sind wieder da, gerade so, als ob diese lärmende Episode nicht dazwischen gekommen wäre.

Ein Morgen von Claude Lorrain, anbetungswürdig in seiner Räumlichkeit. Und es ist Frühling. Ich atme dieses Entzücken eines Frühlingsmorgens in mich ein. Der Hahn verkündet den Tag, ein unendlicher Seufzer steigt empor. O Wunder! O liebevolle Erde! Frische, glückliche Landschaft! Die Proportionen haben nichts Übertriebenes. Die Dinge wetteifern in ihrer Größe nicht mit dem Menschen. Der Mensch jedoch kann in dieser Atmosphäre, die seinen Geist von kleinlichen Dingen befreit, Erhabenes ersinnen und verwirklichen.

Der Himmel ist voll von Wolken, die kriechend vorwärtseilen, eine immer bauchiger als die andere. Mit ihren Leibern verschieben sie das Licht, teilen es sparsam aus, immer erzielen sie schöne Wirkungen.

Diese Landschaft ist reich an Licht, dank ihrer harmonisch vereinigten Gegensätze. Der Maler, der dieses Bild wiedergeben möchte, wird «flächig», wenn er jene Gegensätze nicht beachtet. Das ist der Fehler, in welchen mehr als ein schlechter Impressionist verfallen ist.

Der Blick wird in die Ferne, weit in die Ferne geführt. Die Landschaft erscheint wie im Wasser gespiegelt und die Majestät des Mont Valérien breitet sich auf dieser unwirklich wirklichen Wasserfläche aus.

Ich will mir vorstellen, daß dieser Mont Valérien die Akropolis sei, im silbergrauen Ton eines Corot... O, Griechenland! Immer denke ich gleich an dich, wenn ich den süßen Honig der Schönheitsandacht auf meinen Lippen fühle. Griechenland! Auch du ein frühlingstrunkener Himmel! — Und jene beiden weißen Flecke dort unten auf dem Hügel, sie wären der Parthenon...

Im Vordergrund die Glorie dieses blütenbeladenen Obstbaumes...

Aber die größte Schönheit dieser Landschaft liegt in der Perspektive, die sie gibt; das heißt, daß die wesentliche Schönheit auf den Wirkungen des Raumes beruht.

... Doch hier eine andere entzückende Wirkung: der ganze Hügel und mein Haus bieten sich wie eine Tapete dar, ohne Tiefe. — Im Vordergrund ein Baum mit seinen spärlichen Verästelungen ... Dahinter der Himmel, flächig, milchweiß, nur mit einigen lachenden Fliedertupfen. Die Landschaft zieht sich zwischen diesen beiden Flächen hin und das Ganze wirkt nur wie eine große Dekoration ohne tiefen Hintergrund.

Der schöne Ausblick zwischen den Säulen und Arkaden meines Museums, diese weite, ausgeglichene Perspektive! In der Ferne die Brücke von Sèvres; die Seine kommt mir entgegen. Der Himmel und die Objekte im Hintergrund sind grau. Neben mir zeigt eine Akazie ihre kraftvollen Formen.

Dieses Vestibül mit seinen hohen Arkaden ist ein Ruhepunkt, dem sich die Bewegung draußen mit Heftigkeit naht. Das Bauwerk beflügelt gleichsam die Landschaft, die sich zwischen den kleinen Bogen verteilt; die Abstufungen des Lebens, der landschaftlichen Schönheit finden in diesen hohen Rundungen einen Rahmen.

Wenn man um die Säulenhalle biegt, findet man einen Faun, der, hoch oben aus seinem Postament herauswachsend, dem Besucher sein Kind im Arm hinhält. Neben ihm eine Hecke, ein Baum. Der Baum erfüllt mit seinen rosigen Blütenzweigen den Himmel ...

Morgen. — Unter diesen Arkaden stehend, sehe ich das Land im Dunst erwachen. Man unterscheidet nur andeutungsweise die wunderbare Seine-Brücke. Ganz Saint-Cloud ist in die Milch der Atmosphäre getaucht. Man würde gar nicht glauben, daß es da ist, wenn man sich nicht erinnerte, es am Abend vorher gesehen zu haben. — Das einzig Wirkliche sind die noch unerblühten Fliederbüsche. Ihr hellgelber Farbenton verflüchtigt sich im weichen Licht.

Die Wolken werden drohend. — Aber die Natur macht doch den Eindruck, als warte sie auf Liebliches! ... Und die Pflanzen erquicken sich denn auch. Es ist unsere elende Unwissenheit, die uns hindert, sie zu verstehen, ihre Freude zu teilen, mit der Natur übereinzustimmen! — — —

Die tiefen Wolken branden auf dem Abhang.

Der Hügel klärt sich auf, einem sich präzisierenden Gedanken ähnlich. Nebel fällt. Der Vordergrund verdunkelt sich. Aber das wundervolle Becken des Landes heitert sich vor meinen Augen wieder auf, und die Wolken, eben noch dunkel, werden weiß.

V CAEN

Die schlanken Bäume runden sich. Man sieht noch die Adern, die schwarze Rinde des Astes zwischen den jungen Blättern. Bäume des Winterausgangs.

Eine lebendige Poesie wogt nun unendlich in all der Herrlichkeit, wirft einen Schleier der Freude über die Dinge. Diese Ballen grüner Kugeln, diese Häuser, von denen jedes den besten Platz findet, der feuchte, leuchtende Himmel und die großen leichten Wolken...

Doch der Hügel bleibt dunkel und ein wenig bedrückt mit seinem eingeengten Dörfchen und seiner Sternwarte...

Versailles. — Dieser Teil des Gartens hat eine religiöse Würde, die von dem wundervollen Gefäß in der Mitte des Blumenbeetes ausgeht. Die Würde teilt sich den Bäumen mit, die den Rundweg umbuschen. Und die Urne selbst verdankt ihren religiösen Charakter ihrem hohen Alter.

Eine junge Frau saß auf einer Bank. Es schien mir, als spräche sie ein buddhistisches Gebet.

Vier junge Mädchen kommen des Weges am Saume jener frühlingsfarbenen Wiese. Vier lebende Bilder des Glückes. Sie wandeln leicht in der leichten Luft, nicht nachdenklicher als Gras und Blumen.

Meudon. — Die Stadt ist wie ein Blumenstrauß; die Bäume scheinen die Stadt auf ihren Gipfeln zu tragen, sie halten sie wirklich, indem sie sie begrenzen, umhegen. — Wie glücklich sind doch diese Häuser! — Unmodern sind sie. — Ich sehe eines von den ganz niedrigen hinter der Eisenbahn: man würde glauben, es sei ein Tempel. — Diese Häuser mitten im Grünen sind wie Schafe in einem Park. — Diese Häuser, die so passiv in ihrem Glück scheinen...

Die Landschaft schläft wie in einem guten Rausch. Ein leichter Wind; der Obstbaum beugt das Haupt. In der Ferne sendet der Kamin eines kleinen Häuschens Weihrauch empor.

Der Atem der Natur dehnt die Landschaft aus, vertieft sie.

Hie und da erinnert das Rollen des Zuges an das Schreiten der Zeit durch diese Ewigkeit.

Diese Ewigkeit ist nicht regungslos. Der Tag wickelt sich ab, die Bilder wechseln. Nur einen Moment lang wurde meine Betrachtung unterbrochen, ich nehme sie wieder auf; doch es ist nicht mehr das Bild, das ich eben vor Augen hatte, ich erkenne es nicht wieder. Die Luft ist immer noch grau, doch leuchtender, wärmer, ihr Grau wird geradezu feurig. Die Landschaft erwacht, immer noch trunken, doch von einer neuen, rein sinnlichen Trunkenheit. Vögel durchqueren wie Pfeile die Luft und der zudringliche, miß-trauische Sperling, der häufig mein Fenster besucht, piepst unverschämt.

Indessen ist auch der Mensch erwacht, um an die Arbeit zu gehen; das Scharren des Rechens dringt bis zu mir herauf.

Die Wolken trüben sich, der Himmel leuchtet in lebhafterem Glanz, allzu lebhaft. Gewitter. Die Katastrophe da oben ist nötig, damit wohltuendes Wasser auf die Felder ströme. Auch der Schmerz ist nötig, damit der Geist den Gedanken gebäre.

Die Atmosphäre entspannt sich. Klare Dunstwölkchen blinken. Die Häuser strah-len, wie poliert. Der Rauch der Dächer flattert unschlüssig, ohne bestimmte Richtung in der Luft. Nun verfinstert sich die Fläche des mir gegenüber liegenden Hügels. Alle Ge-danken gelten jenen zauberhaften Fernen, wohin die wunderdürstenden Geister ihre Phantasie entsenden . . .

Dieser ewige Wechsel in der französischen Landschaft bietet dem Künstler uner-schöpfliche Quellen. Man muß ihn studiert haben, um die Künste des plein-air gut zu verstehen: im Mittelalter die Skulptur und Architektur; im XIX. und XX. Jahrhundert die Skulptur und die Malerei.

So hat nun die Sonne ihr großes Amt verrichtet. Sie hat die Pflanzen erwärmt und war verschwenderisch mit ihrer Gnade. Doch auch der leichte Regen war nötig: in seinem köstlichen Nebel stärken sich die jungen Triebe, bereiten sich zum Wachstum vor. Und die Sonne hat diesen Sprühregen veranlaßt.

Dies die wichtigste Lehre. Der Frühling ist die Zeit der Jugend, der Schüchtern-heit, der Einführung. Es ist unmöglich, schon beim ersten Anlauf zur entscheidenden schöpferischen Kraft zu gelangen, und es ist auch nicht wünschenswert.

Jetzt am Abend entfaltet sich die Landschaft wollüstig unter einem Himmel von unvergleichlicher Pracht: ein Himmel wie in Kostantinopel, reines Blau, mit Wolken besteckt wie mit rosigen Standarten.

VI CAEN

Das Schlößchen von Brie

(Aufzeichnungen unterwegs)

Welch eine tiefe Freude für den Mann von Jahren, sein Leben in Verehrung des Verehrungwürdigen hinzubringen!

Und alle Erscheinungen der Natur sind verehrungswürdig. Es genügt, sie zu lieben, um in ihr Geheimnis einzudringen. Eine einzige Liebe, die Liebe zur Natur hat mein Leben bestimmt.

Auf diesem Wege liegen drei Mächte im Kampf miteinander: Wind, Wolke und Sonne. Wind und Wolken sind wie Zusammenballungen von Neid und Gewalt gegen die Sonne; ich fühle die schlechten Absichten dieser beiden Feinde rings um die Einzige.

Auf einem fahlen Grund von grau und blauer Seide breiten die Winterbäume ihre Zeichnung aus. Es ist ein Zustand der Trübsal! — — — Und doch ist es Frühling.

Die Bäume scheinen bald zu einem Gehölz zusammenzufließen, bald wieder weiten und erhellen sie sich. Für wen dies Schauspiel? Für niemand ... Nur für den Einen, der die Straße wandert, diese mit Nebel wie mit Floren geschmückte Straße.

In der Ferne verdichten sich die Bäume, die sie begrenzen: ein Wald. Die schiefergrauen, nebligen nassen Wolken zwingen uns umzukehren, die Majestät dieser Straße zu verschmähen: dieser Triumphstraße für Landbriefträger und Ochsentreiber.

Einen Moment lang hat sich die Sonne von der Straße abgewandt. Doch sie kehrt wieder, und ich fühle ihren Atem hinter mir. Die Straße glänzt und verlischt je nach der Laune der düsteren oder hellen Wolken. Es ist ein flimmernder Tag, silberglänzend, Stil Louis XIV.

Dieses Dorf im Sonnenschein, flach auf den Boden hingelegt ...
Jetzt ist der Himmel schwarz, die Erde fahl und blond. Die Sonne wirft ein weißes Lächeln, Bäume und Efeu erschauern.

Im Lande der Loire

Die Loire, diese Pulsader unseres Frankreich! Strom des Lichtes, süßen glücklichen Lebens!

Dieser Morgen ist in alle Weite hin ruhevoll. Alles ruht. Überall Eindrücke der

Gelassenheit, der Ordnung. Das Glück ist überall sichtbar. Farbiger Nebel, durchduftet von gutem Wetter.

Wo findet man, außer in diesen Gegenden, so beruhigende Gleichmäßigkeit von Luft und Licht?

Dieses feine Grau, das süße Grau der Loire unterhalb der Wolken, die grauen Dächer der Stadt, die graue Brücke aus altem Gestein ...

Eine unentschlossene Sonne beleuchtet launisch die Landschaft.

Diesmal werde ich keine Kathedralen gesehen haben; aber ich habe den Himmel gesehen, der blaues Glück ausstrahlt. Wie Akanthusblätter setzten sich Wolken auf der ganzen rechten Seite fest, sprangen mit leichtem Schwung wie Flug gotischer Engel empor.

Glanzvoller Tag. Loire aus Stahl, glänzend in ihrer ganzen Breite.

O vor allem die Jugend dieses Himmels! Seine Blumen, sein Blau und die süße Lustigkeit seiner weißen Bewohner, der Wolken!

Alles Glück meiner Vergangenheit kehrt mir zurück.

Dieser schattig umlaubte Weg, der uns entgegenkommt, wendet sich mit seinen Bäumen wieder ab.

Die Loire verschwindet wie eine Schärpe, ein Silberband im Unterholz der Weiden und Pappeln, grüne Rasen im Vordergrund. Diese Festungen von Pappeln auf der Wiese! — Gelbes Moos tupft harmonisch hellgrauen Stein und Baum.

Die Häuser in weiter Ebene, erinnern sie nicht an weidende Kühe? Und diese hier in einer langen Reihe, wie Ochsen einer hinter dem andern ...

Schöne Ebene von so einfacher, so großer Ordnung! Das Grün nimmt stellenweise einen feierlichen Charakter an. — Ich finde diese Mischung und Harmonie in der Bevölkerung wieder, besonders bei den Frauen: in ihren Zügen und im Klang ihrer Sprache.

Drei alte Lindenalleen. Das entspricht genau dem dreifachen Schiff der Kathedrale.

Ich sitze, nun erhebe ich mich: ich hatte nur die Hälfte der Landschaft gesehen: da war noch eine ungeheure smaragdfarbene Wiese mit wundervollen Bäumen und jene Brücke über dem trägen Fluß, die Brücke, die irgend etwas von einem ägyptischen Mond-Tempel hat ...

Die Vereinheitlichung der Landschaft durch den Nebel, in dem Wiesen und Bäume zerfließen, ist von gewaltiger Wirkung. An diesen Basreliefs der Natur finden Menschen, die von kostbaren Stoffen — Gold, Silber, Edelsteinen — eingenommen sind, keinen Geschmack, diese Basreliefs wenden sich an die Seele, den höheren Sinn, der die

Geometrie der Formen wahrnimmt. Die Geometrie ist göttlich. Sie spricht zu unserem Herzen, denn sie ist das wesentliche Prinzip der Dinge.

So wie man seine Geliebte lange betrachtet, ehe man sie verläßt, wie man sich wiederholt umdreht, um sie immer wieder noch einmal zu sehen, so verlasse ich diese schönen Landschaften, wie man sich von einem liebenden geliebten Herzen losreißt. Ich lasse sie in ihrem vollen Glanze zurück!

Die Umgebung von Magny

Die Kirche von Montjavoult

Das Portal dieser Kirche hat etwas von einem römischen Triumphbogen, nur einfacher, reliefartig fest an die Kirche gelehnt.

Welche Feinheit! Die heilige Jungfrau ist inmitten des Giebelfeldes. Der Mensch hat den Keim in der jungen Eiche angebetet; Menschwerdung und Mutterschaft, Jugend und Fruchtbarkeit vereinigen sich in Maria, und wir beten in ihr die heilige Mutter und zugleich die Jungfrau an.

Vor dieser Bogenrundung von Montjavoult verstehe ich des Bogens Beredsamkeit. Mit seinen Kreisen, die auf die Tragsteine zurückfallen, erscheint er mir wie der Trabant eines Sterns. Die Säulen, auf welchen er ruht, geben einen gleichmäßig vornehmen Anblick! Dies alles ist von einem feinen Gesims, wie von griechischem Maßwerk umsäumt. Ein mehr auf Wirkung berechneter Fries, ein Reigen von Blumen, von wechselnden Girlanden zieht darüber hin.

Schwarze Konsolen stecken im Gesims.

Das ist nicht der Parthenon, das ist die Glorie französischer Schönheit.

Nähertretend unterscheidet man köstliche Einzelheiten. Die göttliche Renaissance, die keine Vergötterung der Hauptstadt kannte, schuf gleich Schönes für Bauern wie für Könige.

Ich bin der glückliche Zeuge dieser Wunder. Sie sind mir vertraut; sie begleiten meine Gedanken, meine Entzückungen, meine Tage.

Und welche Wirkung bringen die Gesänge hervor, die, während ich im Freien arbeite, aus dem Innern dringen. Süß wie die herrliche Natur dieses Morgens, wie ein Ausdruck friedlicher Trägheit.

Immer die gleichen Harmonien, durch Jahrhunderte hindurch gemeinsam einge-
übt, erhaben wie ein Stil, der sich nicht ändert, der das Leben eines Volkes gebildet hat
und es verlängert. Großes Volk Frankreichs, bewundernswert um seiner Gelehrten, seiner echten Künstler willen, die in ebensolchem Lichte wie diese untergehende Sonne
erstrahlen!

O mein Land, ich liebe dich, denn ich liebe deine Blumen, deine Tiere, deine
ruhmvollen Jahrhunderte. Wirst du zugrunde gehen? . . . Nein.

Wird diese Welt ebenso untergehen wie jene großen Künstler, die jetzt nur noch
durch die Sprache der Steine zu uns reden?

Stellen wir uns wenigstens, solange ihr Leben dauert, nicht fremd zu diesen Wundern, die den Okzident belaubt haben; sie haben die harten Nüancen des Mysteriums und
die Energie der Realität.

Das französische Temperament hat die Vollkommenheit verwirklicht und sie mit
einem Schleier der Bescheidenheit bedeckt. Der Historiker hat nichts gesehen: so muß
der Künstler davon zeugen.

Die Bescheidenheit des französischen Temperaments ist die Bescheidenheit der
französischen Natur selbst. Der Kunstfreund findet in Frankreich überall seine Zuflucht.

Morgen der ersten Kommunion: kalter Frost, leuchtender Nebel.

Kein Geräusch, kein Laut. Man hört nur sein eigenes Ich.

Die Straße, der Himmel, die großen Landstreifen ähneln abgenutzten Teppichen,
Laufteppichen. Undurchdringliche Luft läßt alles sonnenlos zusammenfließen.

In der Ebene peitscht und seufzt der Wind. Es ist sein Amt, jeden Vorübergehenden zu reinigen. Ein schrecklicher Wind für die Armen.

Dieser Baum hat so viele Windstöße erhalten, daß er ein hilfloses Aussehen zur
Schau trägt. Der zarte Tag lugt durch seine Löcher.

Wirbelstürme, Windstöße, weiche Wellenlinien erinnern an den atlantischen
Ozean. Die Erde ist wie der Wind, beide in ihr Schicksal ergeben.

Dort drüben könnte man das Meer vermuten: kleine Bäume sehen wie Segelschiffe
aus.

Natur arbeitet in dieser unendlichen Stille.

Nachmittags besteigen wir den Fußpfad.

Die Glocke tönt: es sind die Vesperklänge.

Welche Süße liegt in diesem Ruf aus Kindheit und vergangenen Zeiten!

Der Weg steigt. Überall Himmel. Dort oben ein Wagen wie in einer Apotheose.
Lichtnebel, unendlicher Glanz! Leichte Bewegung der Blätter. Auch kalte Sonne kommt
hervor: wir sind heute bei dem großen Arzt Natur zu Gast.

Pracht des Berges, der vor uns auftaucht. Eine Akropolis unter den Tausenden Frankreichs. Kunst des Herzens und Geistes, die zu Minerva hinaufstreben.

Immer ist es ein Triumphbogen, der am Eingang des Hauses empfängt. Was schadet es, daß diese schöne Wohnstätte so schlecht bewohnt ist!

Die Kirchen sind Meilensteine der römischen Heerstraßen in der Christenheit: Rastplätze der Römer.

Sie sind überall schön. Man sah zwischen Paris und der Provinz keinen Unterschied; und Gott war für die großen Künstler der Hauptstadt derselbe wie auf dem Lande. Diese großen Künstler haben allen eine Zuflucht erschlossen. Heute besuchen wir diese Zufluchtsstätten und wir fühlen nicht mehr, daß sie für uns bestimmt sind. Zwar ruft niemand uns zu: «Entferne dich doch!» Aber Zufall oder Laune bestimmen uns, wir gehen fort und ahnen nichts vom Glück der Raben, die im Glockenturm nisten. Der Mensch versteht das Angelusläuten nicht mehr: es bedeutet Ruhe. Das Pferd und der Ochs verstehen es.

Die Kirche von Cérans

Die Kirche von Cérans gleicht einer ungeheuern Henne, die ihre Küchlein brütet.

Die kleinen verzierten Glockentürme: Mischung von Hoch- und Flachrelief.

Dieser hier scheint sich von den anderen abzulösen. Er überragt die Türe und bildet einen Vorsprung über das hintere Kirchenfenster und noch weiter hinaus. Er gestaltet den Gesamteindruck, den Eindruck eines schönen Morgens. Das ganze Gebäude zieht sich in den Hintergrund zurück, um ihn in volle Wirkung zu setzen; rechts und links ist er von zwei einfachen Säulen begleitet. Wie Christus auf Tabor steht er zwischen Moses und Elias. Ohne bestimmte Form hat er doch Masse, und das ist alles. Man sieht, wie hier die Massen durch ihren Grundriß und die Wahl des Platzes in die Ferne wirken. Die schönen Anordnungen drücken nichts Bestimmtes aus, doch suggerieren sie tausend Dinge. Es ist so wie bei einer schönen Skulptur: man sieht sie noch nicht deutlich und ist schon von ihr bewegt.

Die Äderungen der Decke sind wie Astwerk der Bäume.

Die Blätter halten sich wie Vögel fest, die sich ans Nest klammern.

Dies aufsteigende Blatt... Derselbe Gedanke, der Helden und Märtyrer schuf, hat auch dieses Blatt gemacht.

Die getragenen Profile! Wie stolz erscheinen sie mir von meinem Platz aus, tief unter ihnen! Sie bedecken den Himmel. Wie reich sind ihre Schatten im vollen Licht des Tages! Sie sind bewegt wie Wasserspiegel. Man fühlt hier die römische Verwandtschaft.

Der Rhythmus gotischen Ornaments bleibt bis in die Zeit Ludwigs XIV. fühlbar.

In der Ebene glänzt die untergehende Wintersonne, rot auf mattem Grund, über modrige nackte Bäume.

O Himmelsgeschenk! Irgendwie an diesem großen Drama teilnehmen können, es verstehen und mitwirken! . . .

Beaugency

. . . An das Fenster meines Hotelzimmers gelehnt, betrachte ich wie Gott-Vater von hoch oben, von weitem die Welt und richte sie.

Ich sehe einen Karren vorbeifahren, von einem Esel gezogen. Im Karren die ganze kleine Familie, die noch junge Mutter, Mädchen und Knaben und den alternden Vater — Sankt Joseph . . . alle in ihren besten Kleidern, ich bewundere ihre Eleganz. Denn die schönen Kleider dieser kleinen Familie und die der Leute, die rund um diesen Karren kommen und gehen, scheinen mir elegant. Es sind meist Kittel, deren Falten den Körper und das Handwerk ihrer Träger verraten.

Welch ein weiches Grau ist über diesen kleinen Landstrich gebreitet, über Bäume und Häuser, über Kleider und harmonische Bewegungen der Menschen und Tiere! — Junge Mädchen gehen prächtig vorüber, der Stolz der Erde und der Rasse . . .

Wohlwollend übe ich mein schreckliches Richteramt, ich lasse alle zu meiner Rechten treten: alle gerettet. Und die Leute ahnen ihr Glück gar nicht . . . Doch sind sie nicht wirklich glücklich, auch ohne daß ich mich um sie kümmere? Sie sind friedlich und ihr Leben fließt in einem Halbschweigen dahin. Sie gleichen diesem blassen Frühling, der, dem Winter noch so nah, Sonne und Wärme im Herzen trägt.

Dieses Volk ist sehr sanft und dem strengen Zeitalter, das seine romanische Kathedrale erschuf, ganz fremd. Von Apothekern und Gelehrten verflucht, hat sich dieses Volk dennoch ziemlich allgemein seinen Geschmack am Gebet bewahrt.

Meine kleine Karrenfamilie geht in die Kirche. Beim Eintritt wird sie ehrerbietig die mächtige Perspektive betrachten und hoch über sich den Himmel vermuten.

Das hindert die Frau nicht, in ihrem Mann und Gebieter den Gott zu sehen. Die Kinder, unter denen es auch kleine Künstler geben wird, schauen mit offenen Augen, mit ihrer ganzen Intelligenz umher: sie verstehen! Weil sie einfach sind, passen sie sich mühelos dem an, was in diesem Mysterium für sie bestimmt ist. Denn die Kirche ist ein Kunstwerk, das von der Natur abgeleitet und deshalb dem natürlichen unbefangenen Geist zugänglich ist . . .

Der alte Vater und heilige Joseph hat sich nichtsdestoweniger auf den Weg in die Schenke gemacht. Er schwatzt, man hört nur ihn — spricht dummes Zeug, prahlerisch,

VII CHAMPEAUX

stolz auf seine großen Töchter ... Bald kommen auch Frau und Kinder. Man fühlt, daß die versammelte Familie von naivem Stolz und von Freude bewegt ist.

Es ist Ostern.

Eine kleine Französin in der Kirche gesehen ...

Eine kleine blühende Maiblume im neuen Kleid ... Die Sinneslust ist diesen jugendlichen Formen noch fremd. Welche stille Grazie! Wenn dieses junge Mädchen zu schauen verstünde, würde es in allen Portalen unserer gotischen Kirchen sein Ebenbild wiederfinden, denn sie ist die Verkörperung unseres Stils, unserer Kunst, unseres Landes.

Hinter ihr stehend sah ich nur die Umrisse ihrer Gestalt und den rosigen Samt der kindlich-weiblichen Wange. Doch nun hebt sie den Kopf, wendet sich einen Moment von ihrem kleinen Buch ab und ein junges Engelsprofil wird sichtbar. Das ist das junge Mädchen der französischen Provinz in seinem ganzen Reiz. Einfachheit, Ehrbarkeit, Zärtlichkeit, Klugheit und dies stille Lächeln wahrer Unschuld, das sich wie eine süße Ansteckung fortpflanzt und Ruhe in trübste Herzen gießt.

Bescheidenheit und Maß sind die großen Eigenschaften der Französinnen. Unsere jungen Mädchen (fern von Paris) tragen diese beiden Worte deutlich auf der Stirn geschrieben, und dem modernen Geist ist es wunderbarerweise noch nicht gelungen, sie dort auszulöschen. Besonders an den Ufern der Loire erkennt man in wundervollen weiblichen Exemplaren die ursprüngliche Frische der Rasse. — Ändern wir also nichts an der Erziehung unserer Frauen; sie sind gut so und die schönste Venus der Antike war nicht so schön wie sie. Rücken wir nichts von der Stelle. Das Meisterwerk trägt noch seinen wahren Glanz ... Doch ach! Uns zum Trotz wird die Wandlung sich vollziehen, und sie hat bereits begonnen.

Wie ein großartiger angemessener Rahmen war die Bauart unserer Kathedralen eine Voraussetzung für die Schönheit dieser Frauen. Man glaubt es nicht mehr und doch ist es wahr. Die andächtige Sphäre im Schatten der Kirche, wo man den ernsten Geist des Gelehrten atmen fühlt, wo Musik die schönen Stunden des Tages und die großen Tage des Jahres rhythmisch ordnet, wo weder das Heldenlied noch das Lied der Treue fehlt, wo die Frau sich an Leib und Seele von jedermann respektiert fühlt: hier ist der Ort, wo sie entstehn und wachsen kann, die unsere lebendige Siegesgöttin sein soll.

Was wird morgen von all dem übrig bleiben? Was ist heute noch da? Es ist ein Wunder, daß es noch junge Mädchen gibt wie jenes, das ich in der Kirche von Beaugency bewundert habe. Sie kommen aus der Vergangenheit zu uns; man wird einigen noch eine Zeit lang in den minder «zivilisierten» Gegenden der Provinz begegnen ...

Es scheint mir aber, daß sie heute das Schicksal der Kathedralen teilen, denen ihre Vorgängerinnen zum Vorbild gedient haben: sie sind nicht mehr in Mode.

Wie schade, daß die meisten unserer jungen Provinzmädchen nach Paris gehen!

Welch schreckliche Vergeudung von Schönheit treibt dieses Ungeheuer! Es ist der Ruhm Frankreichs, der Strom unseres Lebens, unserer Energie, der sich dort verbraucht!

Noch ist die Provinz da, habe ich mir oft zum Troste gesagt . . .

Die jungen Mädchen vereinen in einundderselben Geste die ganze Grazie und ganze Allmacht. Ihr Gang erhellt das Leben. Und ihre Bescheidenheit entspricht ihrer Kraft. Junge Mädchen sind die Segnungen der Stadt und der ganzen Welt. Trägerinnen des Lebens, sinnlicher Ausdruck der Hoffnung und Freude, Stoff aller Meisterwerke! Sie sind der Natur so nahe! Niemals sündigen ihre Bewegungen gegen die göttliche Geometrie. Sie erquicken die Seele der Wissenden. Jungfrau: welch Zauberwort! Mutter: so süß wie schön. — Ich, der glückliche Töpfer, der nach dem Bild ihrer reizenden Formen tausend schöne Gefäße bildet, widme ihnen unterwegs oft meine Gedanken. — Sie sind nicht nur bezaubernd, sie sind auch gütig; und zuweilen werden sie auch verleumdet; — wie das Genie.

Was für eine Schule ist doch die Straße! Die Bewegungen sind natürlich, die Gewänder fallen in schönen Linien . . .- Die Haltung dieser jungen Frauen, die zur Kirche gehen, ohne falsche Bescheidenheit, mit fester Büste, starkem Schritt in der friedlichen Straße der Kleinstadt . . . Das sind nicht Frauen der großen Welt mit jener durchsichtigen, von kostbarsten Parfüms durchtränkten Haut, bei denen das Leben Scheu trägt, sich zu zeigen, und die Seele sich verbirgt. Ich spreche von den einfachen, wahrhaften und gesunden, natürlich lebenden Geschöpfen, jenen Frauen, die zur Freude und zum Opfer vorbestimmt sind, die wir lieben und die wir leiden machen.

Wenn wir in Stunden des Zornes ihre Geduld mißbraucht haben, sprühen Funken aus ihnen und prophetische Worte, deren Ton uns in Erstaunen setzt, sich in unser Gedächtnis einprägt und einst wieder erklingen wird, wenn es nötig ist, uns an die Pflicht zu erinnern.

. . .Jenes Kind der Rasse, das auf den Türstufen sitzt, von bäurischer und feiner Gestalt, wird der nächsten Generation Früchte einer großen Schönheit geben. — Welch weißes Blatt noch! Welcher Friede!

Die Frau ist der wahre Gral. Niemals ist sie so schön wie im Niederknien; die Gotiker haben es gefühlt. Die Kirche von außen gleicht einer knienden Frau.

Die Provinz ist noch voll wunderbarer Vorräte an sittlichen Reichtümern. Man findet hier immer wieder jene Tiefe der Empfindung, die unserem Blut von unsern Ahnen überliefert ist. Hier liegt auch der unerschöpfliche Quell der bewundernswerten Aufopferung unseres Matrosen, Soldaten und Fliegers. Jener wunderbare Mut, der den Glauben an das Böse wankend macht! Hier gibt es noch Elemente für eine wahre Menschheit.

Die Zeit der Klügler ist wieder gekommen. Wie immer schwatzen sie, reden hochtrabend, weise; sie wollen nur zugeben, was sie verstehen. Sie schreiben gelehrte Abhandlungen über die Kunst des Mittelalters und stellen tausend Fragen, die sie fast alle ungelöst lassen; für die restlichen schlagen sie verschiedentliche Systeme vor.

Ihr Klügler, ein einfacher Baugeselle von ehemals machte nicht so viel Umstände und fand sogleich in seinem Innern und in der Natur die Wahrheit, die ihr in den Bibliotheken sucht! Und jene Wahrheit war Reims, war Soissons, war Chartres, waren die erhabenen Felsen unserer großen Städte: und diese Wahrheit, sie eben war der Genius Frankreichs.

Die Werkleute von ehemals hatten nämlich eine Seele, jenen Funken, den die Baukunst in sich fühlen muß, um ihre Regeln zum höchsten Ausdruck der feinsten Regungen emporzuführen.

Ich weiß es wohl, daß diese Künstler, diese Werkleute neben euch Gelehrten Kinder waren: doch waren sie Kinder aus der Schule der Wahrheit, — und ihr? ...

O jene Werkleute! Daß uns ihre Namen doch bekannt wären, sie zu verkünden, jene einfachen, erhabenen Namen der Männer, die etwas konnten! ...

Oft träume ich, daß ich sie vor mir sehe, ihnen folge von Stadt zu Stadt, jenen Pilgrimen des Heiligen Werkes im Fieber ihres Schaffens! Ich verweile mit ihnen bei der heiligen Mutter in der Bauhütte, die alle Werkleute Frankreichs vereinigt.

Man setzt sich zu Tische, um zu frühstücken; man ist jung und kräftig, man spricht von seinen Erfahrungen... Das Urteil dieser Hellsichtigen, ihre Gespräche von schönen Dingen, ihr Wissen und ihr Denken, in dem sich der Koloß widerspiegelt, der der Vollendung entgegengeht... Sie arbeiten in Reims... Sie haben Saint-Denis gesehen, Chartres, Noyon, Amiens... und manche unter ihnen haben auch hier und dort gearbeitet, sie haben Blick und Seele voll von dieser Glorie. Titanen!

Und doch sind es ganz schlichte Männer, Brüder und Gefährten jener Provinzler, deren Leben wir eben betrachtet haben, und jener jungen Mädchen. Aber der große Zeitgedanke ist in ihnen, und ihn zu verwirklichen sind sie in ständiger Verbindung mit der Natur; und sie sind stark und lebenstüchtig. Sie haben die Nüchternheit, die Tugend, die Energie der großen edlen Lebewesen, die sich für ihre natürlichen Verrichtungen gesund erhalten. Über diesen mächtigen Organismen schwebt der Geist und taucht immer wieder in sie ein, um nicht in die Regionen des Ehrgeizes und der Hirngespinste zu zerfließen. — So konnten sie Pläne fassen, diese Kindlein, und sie auch ausführen, diese robusten Gesellen.

Am Tische dieser Steinmetze möchte ich mitsitzen.

Warum haben sie die Kathedralen, diese ungeheuren Festungen errichtet?

Um dort — in Sicherheit, so glaubten sie — das unsichtbare Ei, den Keim, der soviel Geduld, soviel Sorgfalt erfordert, niederzulegen: den Geschmack, jenes Atom reinen Blutes, das uns Jahrhunderte überliefert haben und das weiter fortzupflanzen nun unsere Sache ist.

Diese stolzen Lösungen, diese Steintürmungen, die, durch das Genie verklärt, sich bis zu den äußersten Grenzen erheben, an denen der menschliche Aufschwung seinen Kontakt mit dem Leben, mit seiner Art zu verlieren und ins Leere zu fallen droht, — dies alles ist nur eine Reliquie — oder vielmehr (denn diese Reliquie lebt!) — es ist die Sphinx, die Hüterin des Geheimnisses ...

Das Geheimnis ist so gut wie verloren, denn nur wenige können heute der Sphinx, die überall in unseren französischen Städten kauert, Antwort stehen.

Wir wüßten der gotischen Sphinx Antwort zu stehn, wenn uns die Natur selbst nicht eine rätselhafte Sphinx geworden wäre.

In der Kathedrale liegt die ganze schlichte Schönheit des Menhir, des Vorläufers der Kathedralen.

In der Tat, die romanischen und gotischen Bauwerke erinnern sehr an druidische Steine, in großem Maßstab.

Sicher hat auch der Baum seinen Anteil an der Schöpfung des Baues. Ebensoehr wie die alten Steine, aus deren Schichtung die Kathedralen bestehen, liebe ich die mächtigen Bäume, ich finde zwischen beiden eine gewisse Ähnlichkeit. — Sind die enormen Holzpfähle, auf welchen die fränkischen Hütten ruhten, nicht die Grundform des Strebepfeilers? Sind sie nicht selbst schon Strebepfeiler?

Andererseits ist hier sicher eine reizvolle, barbarische Anlehnung an das römische Haus.

Die römische Kunst und der barbarische Strebepfeiler, beide sind in der Kathedrale.

Und jene Hände, die die Wölbungen tragen, die ausgespannten Sehnen!

Zyklopische Mauern, von dekorativen Pflanzen heiter belebt. So sammelt und häuft die Gotik regelmäßig Steine, Grundmauern übereinander und hoch oben ordnet sie Blumenzierat an, Kletterpflanzen, Dornengewächs, nach Art der wuchernden Vegetation.

Alle diese Linien sind Linien des Sieges. Sie streben wunderbar aufwärts, von der logischen Entwicklung des ganzen Gebäudes getragen.

Diese Wirkung wird von den Schulen immer erfolglos angestrebt, weil die Schule Regeln ersinnt, welche die Natur nicht bestätigt. Die Natur verschmäht es, sich auf unsere Träume aufpfropfen zu lassen. Sie bleibt ihren eigenen Gesetzen treu, die sie niemals hintergehen: wie das Meer seine Grenzen so haben Bewegungen ihre Richtigkeit. Die Gotiker haben nichts erfunden. Erfindungen sind Schmähungen.

Sparsamkeit in den Wirkungen. Hier steigen Säulen und Säulchen in einer einzigen Ebene nach oben. Ihre ganze Wirkung ist in den kräftig vorspringenden Kapitälchen konzentriert. Wir finden dieses Prinzip bei der Mauer des Theaters von Orange wieder.

VIII CHAMPEAUX

Es ist eine Mauer; in zwei Dritteln ihrer Höhe geben schwere weitausladende Steine dieser breiten Umfassung die Kraft ihrer Schönheit.

An der Spitze des Hauptschiffes dringt aus dem Hintergrund ein Sonnenstrahl hervor, der sich durch den ganzen Bau ergießt und in verschiedenen Höhen sein Spiel treibt; man glaubt in dem steinernen Himmel über ihm eine Gewitterwolke zu sehen.

Die veilchenfarbenen Reflexe der Glasfenster färben den Chor mit den Farbentönen einer impressionistischen Palette.

In der Schöpfungsgeschichte wird die Frau erst nach dem Manne erschaffen; die Anmut folgt der Kraft.

Die Gotik ist immer von dunklerer Tönung, gedrängteren Wirkungen als die Renaissance. Diese entfaltet die Effekte und löst sie in die unvergleichliche Grazie auf, die ihr eigenstes Merkmal, in die Weichheit, die ihr Ausdruck ist. Sie bewahrt in großen Abständen schwarze Furchen: das ist die französische Attika. Ihre allgemeine blonde Oberfläche findet an diesen sehr seltenen Schatten den Gegensatz und die Kraft, die ihr Gewicht verleihen. Ich kenne nichts Enzückenderes. — Im XIII., XIV. und XV. Jahrhundert drückte sich glühendere Stärke energischer aus. Die Renaissance hat diese Liebesglut gebändigt.

Übergang der Gotik in die Renaissance des XIV. Jahrhunderts, du hast mich dazu gebracht, das Licht zu studieren; ich habe versucht, deine Motive, deine tausend Verästelungen zu begreifen und ein weniges von deinen Reichtümern in meine Arbeiten herüberzunehmen.

Es ist der Geschmack, der Sinn für das passende und für die Beziehungen, der die Einheit der Kathedrale ausmacht. Der Geschmack entwirft die Anordnung der Glockentürme, der Portale, aller Glieder des großen Lebewesens; und alle diese Glieder gehen aus der Raumformung hervor, die allein die Linien speist und trägt, mit den Bildern in Harmonie bringt, die sich trotz der Abstände und vermittelst der Abstände ausdrückt.

Auch die Kunstschriftsteller weisen auf den Geschmack hin und empfehlen Maß und Klarheit. Ich bin nicht sicher, ob wir unter demselben Wort dieselbe Sache verstehen. Ich spreche von der Klarheit und dem Geschmack der Wirkungen. Der Geschmack ist die Anpassung menschlichen Willens, menschlicher Kraft an den Willen und die Kräfte der Natur.

Die Photographien der Gebäude sagen mir nichts; sie berühren mich nicht, sie geben mir keinen Einblick. Da sie die Dimensionen nicht annähernd wiedergeben, sind diese Photographien für meine Augen immer von einer unerträglichen Härte und Trokkenheit. Das Objektiv sieht Flachreliefs, ebenso wie das Auge. Aber vor den Steinen stehend fühle ich die Gebilde! Umherwandernd betaste ich sie überall mit meinen Blikken, sehe sie in vollem Sinne den Himmel berühren, und von allen Seiten suche ich ihr Geheimnis.

Kraft widerstrebt den Schwächlichen. Sie verstehen sie nicht, also verlangen sie nicht nach ihr.

Die Kathedrale hat sich langsam und beharrlich entwickelt. Die Römer haben ihre Kraft, ihre Logik, ihre Hoheit in sie hineingelegt, die Barbaren ihre kindliche Grazie, ihre Lebenslust, ihre träumerische Phantasie. Aus diesem Zusammenwirken, von keiner vorausbestimmten Absicht errechnet, ist das Werk entsprossen, geformt von Zeiten und Örtlichkeiten.

So stellt es den französischen Genius und sein Bild dar. Es ist nicht auf einen Schlag dagestanden; es hat niemals dem Umgestüm nachgegeben. Es hat im Laufe der Jahrhunderte seinen Ausdruck erhalten.

Und dieser Ausdruck, im ganzen Land ein und derselbe, ist doch nach Landschaften, ja nach Landschaftswinkeln verschieden, so daß er genügt, um die Kette, die alle Perlen dieses monumentalen Halsbandes von Frankreich verbindet, historisch zu bestimmen.

Unsere Atmosphäre, die so lebendige und gleichzeitig so sammetweiche Luft unseres Landes, hat die Künster der Gotik und Renaissance geleitet. Ihre Kunst ist so süß wie Tageslicht!

Die Griechen haben es nicht anders gemacht, um ihre Meisterwerke zu schaffen.

Durch die Klarheit ihres Entschlusses, durch ihre Wissenschaft um die Abenteuer des Lichtes hat die Gotik-Renaissance Griechenland erreicht und steht in keiner Hinsicht ihm nach.

O Renan, Du hast die Bretagne verlassen, um vor dem Parthenon zu knien! Der griechisch erzogene Bildhauer kommt vom Parthenon und eilt nach Chartres, die Kathedrale anzubeten.

Wir haben das Gefühl für unsere Rasse zugleich mit dem Gefühl für unsere Religion eingebüßt. Die gotische Kunst ist die empfindsame leichterregbare Seele Frankreichs; sie ist die Religion der französischen Atmosphäre! — Wir sind nicht ungläubig geworden, nur treulos.

In die Majestät, welche die Kathedrale wie in einen ungeheuren Mantel hüllt, klingt der Lärm des Lebens, — die Schritte, das Rollen eines Wagens, das Knarren einer Tür —. Die Einsamkeit ordnet diesen Lärm unter das harmonische Gesetz des Ebenmaßes.

Die Linien schwellen und werden in der Entfernung dekorativ. Es sind die Strebepfeiler, die diese Rundung schaffen, die majestätische Schleppe der Apsis, ein königlicher Mantel...

Und die Strebebogen im Profil; Schwalben, die davonfliegen, zuweilen auch wie Schwung von Weihrauchkesseln.

Jene ernsten Künstler des XII., des XIII. Jahrhunderts und der Renaissance bis zum Ende des XVIII. Jahrhunderts arbeiteten mit einer Heiterkeit, die man allen ihren Werken anmerkt. Große Dichter waren sie, sie haben uns ihr Denken, das heißt ihr Fleisch und Blut gegeben.

Die Kunst war ihnen der eine Flügel der Liebe; die Religion der andere. Kunst und Religion geben der Menschheit die Sicherheiten, die sie zum Leben braucht und die den von Gleichgültigkeit durchtränkten Epochen, dieser moralischen Nebelwelt, mangeln.

Und wie sie das Leben geliebt haben! Sie schöpften daraus ihre Kunst, ihre Grundsätze und ihre Folgerungen mit jener Einheit des Gedankens, dem die Einheit eines großen Schicksals entspringt. Haben sie nicht ihre Frauen nach dem Geschmack ihrer Werke gekleidet? Fand nicht die weibliche Eleganz in den Krausen der Glockentürmchen und dem Rippenwerk der kleinen Säulen ihr Vorbild?

Jene weißen Säulen, ihre Rippen, die Fenster, Ihr Maßwerk, ihre Kleeblattformen suggerieren das natürliche Licht, die Sonne, die durch das Laub dringt.

Die gotischen Gesimse sind manchmal vom Sturm inspiriert. In ihren Zacken gleichen sie dem Meer.

Das Gesimse, diese Linie, die in horizontaler oder senkrechter Richtung läuft, finden wir gleichfalls in der Natur: es ist der Weg des Saftes. Blätter und Blumen sind den Ornamenten vorbehalten worden.

Der in der Renaissance so wichtige Kragstein ist in seiner allgemeinen Form, seiner Linie, gotisch. Im Portal mit seinen Heiligen in Reihen, die Häupter geneigt, die Füße auf den Schemeln, sehe ich den Kragstein. Und er ist die formgebende Linie des ganzen Gebäudes.

Er wird bis zum Stil Ludwigs XVI. regieren.

Anfangs war das Giebelfeld nur heilige Geschichte, Bibel und Evangelium: die Schöpfung, die Propheten, Christus als Richter, die Krönung der Heiligen Jungfrau usf.

Später ist es reine Dekoration geworden; doch keine gewöhnliche Dekoration. Es hat seinen Sinn in sich selbst, entrollt und windet sich in Arabesken. Das ist Renaissance, eine andere Bewegung, aber die Abwandlung desselben Gedankens.

Gleichwohl ist diese Dekoration in ihrem Maß bewunderungswürdig. Die Proportionen sind gewahrt. Das Leben ist im Zustand der Starrheit ausgedrückt.

Der menschliche Körper ist von Natur aus dramatisch. Er ist gleichzeitig ein Urbild an Harmonie. Wie konnten sich Bildhauer finden, die einen ausdruckslosen, langweiligen Crucifixus hinstellen? Rein menschlich müßte er durchaus rührend wirken. Unter dem Meißel des Künstlers wird ja Christus im Tode lebendiger als ein lebendiger Mensch.

Manchmal betont das Genie gewisser Rassen gewisse Wirkungen so stark, daß sie Schauer des Schreckens hervorrufen. Ich erinnere mich eines Christus in der Kirche der Rue Haute in Brüssel: das war nicht mehr die Hostie der Liebe, das war nur noch Leiden. Dieser Christus ist spanisch.

Was liegt an den Rissen und Sprüngen. — Zeichnet nach den Schattierungen: die Fläche wird bestehen. (Der Künstler versteht mich.) Wenn die Flächen richtig sind, wird der Sprung nichts anderes als ihre Richtigkeit betonen. Ich werde es unermüdlich wiederholen: die Fläche ist alles. Ein Auge, mit einem Nagel gearbeitet, ist göttlich in der Feinheit des Ausdrucks und der Gedanken, wenn die Fläche, die es trägt, richtig ist; ein Auge mit den vollkommensten Werkzeugen, noch so liebevoll, jedoch auf falscher Fläche gearbeitet, ist ausdruckslos. Was würden der Gioconda ihre köstlichen Mundwinkel, ihr unergründliches Auge nützen, wenn nicht alle Flächen dieser Gestalt so durchaus an ihrem Platze wären?

Die Restaurierungen trocknen und dunkeln sehr rasch nach. Künstliches Altern. Glaubt man uns damit zu täuschen? Sie mögen noch so sehr dunkeln, sie bleiben gekennzeichnet: hart und schlaff gleichzeitig.

Weiches, anmutiges Grau; Anmut ist ein Ding von ehemals, eine Sache des Stils.

Eine Kunst, die Leben in sich hat, restauriert die Werke der Vergangenheit nicht, sondern setzt sie fort.

Man sehe diesen Palast, dem ein wahrer Künstler, ein Künstler der Vergangenheit einen kleinen Anbau zugefügt hat; ein reizendes Motiv, das die aneinander gefügten Säulen nicht stört. Seiner Grazie wegen verzeiht man dem kleinen bescheidenen Renaissancemotiv die Kühnheit, sich hier zwischen die Säulen eingedrängt zu haben. Mit welcher Geschmeidigkeit, welchem Reichtum an Erfindung hat es sich «gedreht», um den nächsten Stil hervorzubringen, ohne etwas vom Glanze des vergangenen Stils zu zerstören. So etwas nennt man: dem ursprünglichen Gedanken folgen, ihn auf eine andere Ebene übertragen, ohne die übergeordnete wesentliche Ordnung aufzuheben. Mit einem Wort: das ist Geschmack.

Originalität, wenn man dieses Wort im lobenden Sinne nehmen mag, besteht nicht darin, neue Worte zu schmieden, denen die schönen Kennzeichen der Erprobtheit fehlen, sondern die alten Worte richtig zu verwenden. Sie reichen für jedermann aus. Denn sie reichen für das Genie aus.

IX CHAMPEAUX

Senlis: Reinheit des Glaubens, Reinheit des Geschmacks.

Blumen, die zur Wölbung steigen! Der Bogen, der sich vom Kapitäl schwingt, ohne von ihm abzubrechen! Welche sublime Kunst in einem einzigen Zug! Um dies ohne Dürftigkeit zu verwirklichen, bedurfte es des ganzen Genies jener unvergleichlichen Künstler.

Die Bogenrundungen längs der Spitzbögen bilden Friese, gleich Bändern. Dahinter ist Schwarz. Zwischen diese Bänder sind die Rippen in einer etwas weniger körperlichen Art eingezeichnet, wie sie damals unvermeidlich war. Renaissancegeschmack schwächt schon die gotische Rundmodellierung etwas ab. Eine reizende griechische Wirkung.

Das erfrischende Schauspiel einer kleinen Provinzstadt vor sechs Uhr morgens: Blois. Große Eile zur Arbeit, zu den Fabriken; einfache, saubere Häuser mit geschlossenen Fensterläden und die schöne, feste, sattelförmige Brücke. Diese Brücke steht mit ihrer Sattelform wie eine Straße mitten im Himmel.

Hinter einem Vorhang von Häusern erscheint der Glockenturm, romanisch, massiv, mächtig, wundervoll. Diesen schönen steinernen Glockenturm, der sich wie eine Blume im Garten aufrichtet, haben die niedlichen Gesichtchen zur Zeit Ludwigs XV. — an die ich hier denken muß — gesehen. Doch schon sie fanden ihn häßlich...

Ich wende mich wieder der Brücke zu, auf der die Wagen regelmäßig und tapfer hinansteigen, ihre Profile an den Himmel malend, und ich sehe in diesem Auf- und Absteigen ein Sinnbild des Lebens.

Die Reinheit in der Einfachheit: Blois.

Samt seinem Schloß, seiner Kirche, ist es von der Neuzeit überwältigt worden. Ach, die Krämer sind in den Tempel eingedrungen.

Verlorene Harmonien. Die neuen Fenster passen nicht zu den Worten, die man in dieser Kirche singt. Und doch waren die Beziehungen zwischen diesen und jenen einst so innig. Die Karikatur hat Verrat geübt an der Seele der Dinge.

Es gibt in Blois eine reizende Straße, die, von diesem Aussichtspunkt aus in der Verkürzung gesehen, den Eindruck eines einzigen Bauwerks gibt. Zarte Anmut, die Herz und Auge des Künstlers umschmeichelt und die ich in so vielen Provinzstädtchen genossen habe. Man findet in diesen Perspektiven den Reiz gerade jenes Bauwerkes wieder, das den Ruhm der betreffenden kleinen Stadt bildet.

Nach dem Verlassen der Kirche verweile ich noch in der Betrachtung ihrer Fassaden. Abgerissener Gesang dringt in Abständen zu mir, wie Windstöße vom Himmel. Indessen studiere ich die Steine, das Schnitzwerk der Türe: Adam mit allen seinen Töchtern, Göttinnen des Menschengeschlechts, verführerisch durch die Sittsamkeit ihrer Gesten.

Der Zweck des «Kunstgegenstandes» ist es, den Geist zu sammeln, ihn vor Zerstreuung zu bewahren. Aber wahre Anteilnahme geht viel weiter. Unsere Zeitgenossen ahnen nichts von diesem «weiter». Sie geben vor, verstehen zu wollen. — Was eigentlich? — Das, was der Künstler sagen wollte. — Aber der Gegenstand belehrt uns nicht über die Absichten des Künstlers. Man muß sie in der Ausführung suchen. Betrachten wir ein Basrelief; durch die Gegenüberstellung von Flächen hat der Künstler schöne Schatten erzielt, aus denen ein Kopf, der Hals einer Nymphe, ihre Knie auftauchen: all dies ist von einer unendlichen Grazie und es kommt darauf an, eben diese Grazie zu fassen. Zu wissen, ob diese Gestalten Sommer, Herbst etc. darstellen, ist ganz nebensächlich. Es gibt sogar Darstellungen, deren Gegenstand unbekannt bleibt: was bedeutet jene verhüllte Gestalt, die ein Buch in der Hand hält? Geheimnis. Und das Ornament? Ist es nicht Anwendung von Schatten und Licht ohne besonderes Objekt? Es gilt ein köstlicheres Geheimnis zu erforschen, nämlich das der Kunst und Schönheit. Unser Publikum kümmert sich wenig darum. Es zieht trockene Linien der weisesten Modellierung vor, wofern es sich nur die Anekdoten erklären kann . . . — Ist es mit der Religion nicht ebenso?

Ich nehme eine Gestalt wahr: eine Statuette. Ich kann nichts deutlich unterscheiden: aber im Schatten, im Licht, das sich vom Tageslicht abhebt, in dem, was ich nicht sehe, in der bewegten Masse, die mein Auge prüft, ahne und sehe ich ein Meisterwerk. Weder Licht noch Schatten sind gleichmäßig verteilt; Modellierung und Gleichgewicht sind es, die man fühlt. Wenn eine Statue in ihren Kontrasten richtig ist, fühlt man das Gleichgewicht, und bei gutem Gleichgewicht ahnt man die mögliche Bewegung: das Leben. — Mein Geist wird von dem Gefühl dieser Vollkommenheit erfüllt. Es ist eine Antike! Ich erkenne in ihr die göttliche Harmonie. — Das ist es, was man fassen muß.

Wie die Schönheit, so macht sich das Gewissen von weitem fühlbar. Hier eine meisterliche Figur. Sie zieht die Vorübergehenden in ihren Bann, sie fesselt die Aufmerksamkeit derer, die sie verstehen. Welcher Ausdruck des Gesichtes! Wie in vielen römischen Büsten hat der Künstler hier die kritische Periode eines Lebens in ihrer ganzen ergreifenden Wahrheit wiedergegeben. Die Jahre sind vergangen, diese Gestalt war einst schön, und sie ist noch immer stolz, wie sie hier vor Gott kniet. Welche Atmosphäre rings um sie! Wie friedlich ruht sie in diesem Niederknien seit drei Jahrhunderten! Und wie sie lebt in ihrer Ruhe, dank der Vollkommenheit der Gestaltung.

Auf der Modellierung der Flächen beruht das ganze Leben der Architektur und Skulptur, sie ist die Seele der vom Künstler berührten Steine. Seele ist auch die Beziehung der kleinen Verhältnisse aufeinander, besonders in der Tiefendimension. Das schlecht oder gar nicht modellierte Detail ist von unverschämter Dummheit. Alles ist flach an den Skulpturen unserer Zeit; sie sind leblos.

In Saint-Cloud tröstet uns die Schönheit der Blumen trotz ihrer häßlichen Anordnung über die verschwundene alte Pracht der Architektur hinweg.

X CHAMBORD

Großartige Allee eines Schlosses, das nicht mehr besteht.

Ich habe es in meiner Jugend gesehen. Es scheint mir, daß diese Zerstörung die Zeit zerwühlt, sie zu einem unmeßbaren Rücklauf zwingt.

Der Palast war von wundervoller Anordnung und Harmonie.

In den Gärten bewundere ich den Apollo. Welche Majestät! Die Ausbiegungen geben dem Körper einen Schwung von zierlicher Leichtigkeit, sie wirken ähnlich wie die Henkel einer Vase. Welche Anmut in der Masse! Dreiviertel-Profil und Rückansicht dieser Figur sind durchaus im Geschmack Michelangelos.

Der Architekt von Saint-Cloud hatte die glückliche Idee, hier schöne Abgüsse anzubringen. Ich fürchtete sehr, hier — wie überall — fürchterliche Kopien vorzufinden.

Von unten gesehen sind die antiken Figuren am schönsten. Man betrachte die Göttin von Samothrake. Sie schwebt und Flügel des Geistes, wenn es nicht wirkliche sind, umwehen sie beständig, hüllen sie ein.

Welche Grazie in diesem Genius der ewigen Ruhe! Sollte man es glauben, daß die schlechtverstandene Antike eine unübersehbare Schule gezeugt hat, die Schule der Karikatur der Antike! Und die «Meister» dieser Schule haben alles, was sie zu sehen glaubten, sowohl Antike als Gotik und Natur mit Mörderaugen betrachtet. — Jener Genius dort oben ist größer als der Apollo, — größer als Michelangelo.

Es ist merkwürdig, mit welcher Leichtigkeit griechische Kunst das griechische Licht entbehren kann. Doch wohin immer man sie verbannt, sie sehnt sich nach jenem süßen Tageslicht, von dem Homer spricht . . .

In der Gegend von Chambord steht jene kleine Kirche, die noch nicht restauriert worden ist, wenigstens noch nicht ganz. Für den Chor, der romanisch war, hat man einen Ingenieur, irgend ein Mitglied des Gesundheitsamtes bemüht; er hat seine Arbeit verrichtet . . .

Aber das Schiff, die wunderbaren Skulpturen, die zarten Pfeiler, das große straffe Rippenwerk, das in viele ganz feine Rippen zerfällt . . .

. . . So wird jeder Spaziergang zu einer Überraschung. Manchmal scheint es, daß die Schönheit — wage ich es zu sagen? — ihr Spiel mit mir treibe. In Melun hatte ich wieder einmal dieses Gefühl.

Ich hatte in einem Winkel der Kirche kleine Wunder von Skulpturen angestaunt, die nachträglich liebevoll angefügt waren, Blumen aus einem Renaissancebouquet. Begierig, sie wiederzusehen, gehe ich heute morgen wieder in die Kirche: sie haben sich verändert. Indes mein Gedächtnis noch von der Pracht des vorigen Abends bezaubert ist, erlebe ich heute eine Enttäuschung. Meine «Meisterwerke» sind mittelmäßig! . . . Nein! Einige Minuten der Betrachtung und es tauchen neue Schönheiten auf, die den gestrigen die Waage halten. Dinge, die gestern noch verborgen waren, zeigen sich und bilden ebenso bezaubernde Wirkungen wie die früheren. Es ist der Vorzug des Hochreliefs, dieser scharfen Vorsprünge, daß sie die Weichheit der Halbschatten, oder besser gesagt, des Helldunkels hervorbringen ... Gleichwohl, hätte ich irgend einen Freund hierhergeführt, ihm Wunderdinge versprochen, ich glaube, ich hätte mich anfangs meiner Meisterwerke geschämt; aber bald hätte sich die Niederlage in Sieg verwandelt: die Wirkung wäre anders, als ich sie verheißen, aber nicht minder schön gewesen. Ein neues Werk und doch dasselbe.

Es gibt überall noch schöne Reste, es sind ihrer genug, um noch einige Künstlergenerationen zu trösten.

Man studiere diese herrlichen Trümmer. Wollt ihr sie verstehen, so müßt ihr sie zu verschiedenen Tageszeiten betrachten. Diese im Freilicht geschaffenen Werke verändern ihre Schönheit mit dem Wechsel der Beleuchtung, ihre Schönheiten sind Variationen über dasselbe Thema. Der Abend wird euch enthüllen, was euch der Morgen verbarg.

Diese Werke verändern sich wie schöne Frauenantlitze, in denen ein und dieselbe Seele, die nicht alles auf einmal sagen kann, die jedoch zu verschiedenen Tageszeiten weiterredet, in so vielen Nüancen offenbar wird.

Vor den Kathedralen fühle ich mich vom Gefühl der Gerechtigkeit erhoben, entrückt. Plastische Genauigkeit, Sinnbild und Widerspiel der sittlichen Gerechtigkeit.

Ich öffne die Türe: welche Ordnung! Der Begriff der Vollkommenheit drängt sich meinem Geist auf. O ihr ewigen Steinschichten! Und diese Kraft der Architektur, diese Dichtigkeit, die ich so liebe und die unserem Zeitalter fehlt! Festigkeit und Gründlichkeit, Jahrhunderte überdauernd! Mit Inbrunst sauge ich diese Kraft in mich. — Es ist die Undurchdringlichkeit des Tempels von Paestum, der stämmig in der Landschaft steht, wie der Stier auf der Weide, es ist wie eine griechische Phalanx; antike Undurchdringlichkeit. In der Gotik dehnt sie sich und strebt empor.

Im Hintergrund das Dunkel des Allerheiligsten die große Scheidelinie, die zur Decke emporstrebt, sich bis zu dem Punkte erhebt, in dem ihre Kraft hinabsinkt, um sich auf das gegenüberliegende Kapitäl zu stützen.

Unten trennt diese Linie den Chor von der Volksmenge: Vorhang eines erhabenen Theaters antiker Gesten und Worte, die in antiker Finsternis gewechselt werden — eine einzige goldene Lampe leuchtet auf sie hinab.

Dieser Linie folgend steigt mein Geist empor, sinkt mit ihr hinab, um wieder aufzusteigen, und auch die Schläge meines Herzens folgen ihr, dann wetteifern sie mit den kleinen Arkaden, die hoch oben in weiter Ferne wogen.

Großes Schweigen, man fühlt gleichsam die innerlichen Erwägungen weiser Männer.

Der Priester tritt ein. Ruhe, dann die Gesänge.

Die Frauen durchduften die Kirche mit ihrer Schönheit.

Das Volk bringt mit verworrenen Stimmen demütig seine Liebe und Anbetung der Gerechtigkeit zum Ausdruck. — Oben die Orgel wie wogender Donnerstrahl. Und menschliches Gemurmel umsäumt den tiefen Gesang der Orgel.

Rembrandt, den ihr im XVII. Jahrhundert bewundert, aus dem ihr einen Klassiker machen möchtet, ist im tiefsten Sinne gotisch. Die Eigenart Rembrandts ist immer wieder das Leben im Schatten.

Doch müssen wir wohl merken, daß der Schatten als solcher nicht existiert. Er ist Gewand, das sich an die Form hängt. Ist die Form gut, so wird der Schatten, der ihre Kundgebung ist, ausdrucksvoll sein. Gebt mir schöne Formen, so werde ich schöne Schatten zeigen. Was den Wechsel der Stile ausmacht, ist die Akzentuierung verschiedener Einzelheiten durch den gleichen Schatten. So weist die französische Kunst eine vollkommene Einheit auf, von der romanischen Kunst an bis auf unsere Zeit – diese letztere nicht mitgerechnet. Wir haben uns selbst verleugnet, da wir den Wunderwerken unsrer Vergangenheit unsere Liebe versagten, und diese Verleugnung ist Selbstmord.

Wie könnte man mit gutem Gewissen das Verbrechen unserer Zeit, die Preisgabe der Kathedrale rechtfertigen, erklären? Noch schlimmer: ihren Mord und ihre Entstellung!

Wir sind die unbewußten Vollstrecker unserer eigenen Verdammnis. Das Geschick entzieht uns jene großen Ruhmestitel, weil wir sie nicht mehr verdienen, und um die Schande voll zu machen, betraut es uns selbst mit dieser Züchtigung.

Ist der Mensch kleiner geworden? Oder die Gottheit? Wie wäre es möglich, daß sie heute, nach so vielen herrlichen Opferungen von uns nur noch schäbige Spenden forderte?

Wenn wir unfähig geworden sind, seit wann datiert unsere Unfähigkeit?

Sind wir wirklich so weit herabgekommen, daß wir widerstandslos den großen mystischen Vogel davonfliegen lassen?

Die Kathedralen sollten uns mit so viel Stolz erfüllen! Sie haben die Kraft erzeugt, deren letzte Reste uns noch beleben. Habt ihr nicht mehr die Sehnsucht nach Gesundheit? Oder solltet ihr nicht mehr verstehen, was das heißt?

Die Kathedralen sind Frankreich selbst. In ihre Betrachtung versunken fühle ich meine Vorfahren wie auf einer Jakobsleiter in mir auf- und niedersteigen.

O, welch ein Jammer, die kostspielige Errichtung riesiger Luxuswohnstätten mit ihrer gräßlichen Überladenheit und gleichzeitig das Vergehen der wahren Ruhmeswerke mitansehen zu müssen!

Vielleicht ist es nötig, daß die Sonnen erkalten?

Wir leben dicht neben so vielen schönen Dingen und die meisten von uns sehen sie nicht! Und diese Schönheiten überzeugen, beschützen nur einen so geringen Teil der Seelen, die sie sehen!

Unsere Unkenntnis der Meisterwerke ist gleichbedeutend damit, daß wir die Wahrheit vergessen. Durch die Augen hindurch ruft die Schönheit das Herz zur Liebe auf, und außer der Liebe gibt es keinen Wert.

Aber man lehrt die Liebe nicht mehr.

Wenn das Verständnis des Schönen Sache der Erziehung oder des Unterrichts wäre, wie könnten wir seiner beraubt sein, wir Modernen, die wir die Bevorzugten unter den Bevorzugten sind? Haben wir nicht Ägypten, Assyrien, Indien, Persien, Griechenland, Rom in unsern Museen? Und auf unserem heimatlichen Boden die erhabenen Spuren der Gotik und romanischen Zeit und unsere alten Häuser, köstliche Wunder? Bis zum ersten Kaiserreich, dieses mit einbegriffen, hatten sie schöne Proportionen, waren in ihrem Stil von dazumal von einer so ernsthaften Eleganz, einer Grazie, die auch in ihrer Zurückhaltung beredt und manchmal einem einfachen Bandgesims ohne Ornament auf die Stirn geschrieben schien.

Dies alles haben wir. Und unsere Architekten machen Bauwerke, wie ihr sie kennt. In der Skulptur wuchert der Gipsabguß nach der Natur, diese Krebswunde der Kunst.

O! Proportion! Synthese der Künste! Unfaßbare Vollkommenheit! Das Gefühl von deiner Wahrheit dringt mit einer Art heilsamen Schreckens still in uns ein, reinigt uns, macht uns wachsen. Doch wo bist du gegenwärtig? Der Künstler scheint sogar das Bewußtsein deiner Existenz verloren zu haben, seit er es aufgegeben hat, den Tempel Gottes zu haben, während er sich dazu versteht, den Tempel menschlicher Eitelkeit zu errichten. Und für diese neuen Tempel braucht er das kostbarste Material in einer Verschwendung von Zieraten, wie man sie nie zuvor gesehen. Aber die Eitelkeit enthüllt nur den geistigen Mangel des Eitlen. Zu viel Simswerk an unseren Palästen! Maß geziemt der Wohnstätte des Menschen wie ihm selbst.

Sind die Juden nicht auf ihre Bibel stolz, die Protestanten auf ihre Sittlichkeit, die Moslim auf ihre Moschee? Verteidigen die einen wie die andern nicht diese Zeugnisse ihres Glaubens, ihrer Geschichte?

Wir, die wir unsere Kathedralen nicht verteidigen, haben diese Treue nicht.

Und was sollten wir in ihnen verteidigen? Unsere Unkenntnis verhindert uns zu sehen, wie wundervoll sie sind und warum sie es sind. Und die Priester bestellen ihre neuen Kirchen bei den Architekten unserer Music-halls, kaufen ihre Heiligenstatuen im Warenhaus.

Was hat man aus dem blutenden Herzen unserer Vorfahren gemacht, die uns diese ergreifenden Zeugnisse ihres Schmerzes und ihres Genies vererbt haben. Aus diesen wahrhaften Reliquien? Was hat man aus dem christlichen Parthenon gemacht? Jünger als der andere, ist er doch schon baufälliger.

Sind wir denn barbarischer als die Araber? Sie achten die Gebäude der Vergangenheit. Was jene aus Gleichgültigkeit tun, solltet ihr es nicht aus Pflichtgefühl tun, da euch die Denkmäler der Gotik anvertraut sind? — Man wagt kaum mehr zu sagen: könntet ihr es nicht aus Liebe tun und euch zur Freude?

Ich will euch zeigen, welche Güter ihr verschmäht.

Sie gehören uns allen; jeder Franzose hat Teil an ihrem körperlichen Besitz, wie er im Grunde seiner Seele sittlichen Anteil an ihnen hat.

Die Menge in die Kathedrale führen, heißt, sie zu sich selbst führen, in ihr eigenes Haus, in die Zitadelle ihrer Kraft. Das Land kann nicht zugrunde gehen, solange es seine Kathedralen hat. Sie sind unsere Museen. Sie sind unsere Mütter.

Kommt und seht, was euch gehört und was man im Begriff ist, euch zu nehmen. Es sind noch herrliche Trümmer da.

Verlorener Glaube, vergessene Schönheit.

Wie der alte ermattete Titane wechselt Europa seine Stellung und mit ihr das Gleichgewicht. Wird es sich den neuen Zuständen anpassen können, oder wird es hilflos sein Gleichgewicht verlieren? Man weiß es nicht. Es ist sicher, daß es dem modernen Menschen wenn auch an Geschmack, doch nicht an Größe und Mut fehlt. Beweis dafür sind die Flieger.

Die Erinnerung, die man von den Kathedralen nach Hause nimmt, legt Schweigen auf, befruchtendes Schweigen, in dem die Seele ein großes Wohlbehagen, ein Fest der Gedanken, durchlebt. Man erwägt die Ratschläge, die uns die Natur durch das Mittel der Kunst gegeben hat. Man sucht das Gesetz.

Es läßt sich nicht genau angeben. Das Maß, eine gewisse Ordnung, das ist das Gesetz. Und ebenda finden sich Geschmack, Klugheit, Vernunft, Harmonie. Ebenda auch die Unsterblichkeit, das Band, das Jahrhunderte vereinigt, Menschen an Menschen ihrer Rasse, die verschiedenen Länder unter sich und unsern Geist mit der Natur verknüpft.

Aber im Konzert der Jahrhunderte ist das XIX. Jahrhundert als Kunst ein Mißton; ein Stillstand in ihrem Lauf. Wird es im Urteil künftiger Zeiten mitgerechnet werden? Flach bis in den Charakter der Einzelmenschen hat es eine der drei Dimensionen, die Tiefe nicht gekannt. Es hat eines von den drei Elementen der Geometrie verleugnet.

Ihr werdet die feinen Rathäuser sehen, die man euch in der Provinz bauen wird, wenn ihr keine Louis-XVI.-Schlösser mehr haben werdet, in denen die Gemeinderäte Quartier nehmen können...

In den großen Werken der Vergangenheit erkennt man die Balance der Flächen nicht immer auf den ersten Blick. Aber man muß dazu gelangen, sich über sie klar zu werden, denn diese Gegensatzbeziehung ist es, aus der Gleichgewicht und «Haltung» hervorgehen. Aber die Architekten, die es unternommen haben, die Kathedralen zu restaurieren, kennen dieses Geheimnis nicht, sie flicken da die Laster unseres Zeitalters an. So sind sie immer geneigt, das Gebäude mit falschem Tand zu überhäufen, es zu erdrükken. Sie verfehlen die gewünschten Wirkungen, weil sie die Bedingungen des Gleichgewichts außer acht lassen.

Der gesegnete Schatten der Kathedrale breitet sich noch weiter über mich, lange noch, nachdem ich ihre Schwelle überschritten habe; er begleitet mich ins Leben. Ich sehe die großen Linien ihrer Bauart wieder, die Details ihrer Skulpturen, manche Figur, die in ihrer Isolierung eine Welt für sich, ein vollkommenes Bild der Größe erzeugt. So bietet das geringste Insekt, da es nach dem Gesetz des Universums geschaffen ist, eine verkleinerte, aber vollkommene Darstellung des Alls.

Die äußeren Umstände werden über Geist und Gesetz nicht Oberhand gewinnen.

Der Schönheitssinn ist notwendig und unvergänglich. Ich bin davon überzeugt, da ich die Fähigkeit zu bewundern so lebhaft in mir fühle. Alle Menschen besitzen diese Fähigkeit. Sie mag schlummern, doch sie wird erwachen.

Auch ich habe nicht immer die ganze Wahrheit gekannt. Welchen Dank schulde ich den Kräften, die mir sie offenbart haben! Heute an diesem Frühlingsmorgen, in diesem Blütenduft geleiten mich meine Erinnerungen, ich sehe meine Vergangenheit wieder, und ich denke an die langen, köstlichen Studien, die mir Lebenslust gegeben und das Geheimnis des Lebens enthüllt haben.

Wem danke ich diese Gunst?

Vor allem meinen langen Waldspaziergängen, bei denen ich den Himmel entdeckt habe; den Himmel, den ich vordem alle Tage zu sehen geglaubt habe; doch eines Tages sah ich ihn wirklich.

Und dann auch dem Modell, dem lebenden Modell, das ohne zu mir zu sprechen meine Begeisterung hervorrief, mich Geduld lehrte, mir den Genuß gab, diese Blume der Blumen, die menschliche Blume zu erfassen. Meine Bewunderung stieg und erweiterte sich seitdem immer mehr. Meine Beobachtungsfähigkeit hat sich dank einzelner brennender Erlebnisse verschärft und auch dank solcher Frühlingstage wie des heutigen, da die Erde ihre blühende Seele an die Oberfläche sendet, um uns zu verführen und zu bezaubern.

XI DIJON

Welches Glück für mich, einen Beruf zu haben, der es mir ermöglicht, der Natur meine Liebe auszusprechen! O dieses Modell, dieser Lebenstempel, dessen zarteste Einzelheiten die Skulptur wiedergeben kann, diese allerfeinsten Linien, die man anfangs für unwirklich halten würde und deren kleinster Bruchteil schon ein vollkommenes Meisterwerk ist! Und jenes Antlitz, in dem die göttliche Seele, Kraft, Frische und Anmut sich vereinigen, wie an ihrer Lieblingsstätte, an der Stätte unserer Bewunderungen!

Das ist der Honig, den ich in meinem Herzen angesammelt habe. Ich lebe in ewiger Dankbarkeit für meinen Gott und seine wunderbaren Geschöpfe, seine beredten Boten.

Andere möchten dasselbe Glück genießen: und es ist mir bewußt, daß ebenso jetzt wie in allen Jahrhunderten viele zugleich mit mir die Schönheit anbeten.

Sie wird nicht untergehen.

Darf ich einen Moment bei dem Glück verweilen, das mir die Meisterwerke und meine eigenen Arbeiten bereiten? — Hier bietet sich vielleicht ein Beispiel . . .

In meiner Eremitage zu Meudon, ans Fenster gelehnt, bade ich meine Stirn im Morgennebel. Alle trüben Gedanken entweichen, ich gebe mich der Süße dieser schönen Frühlingsstunde hin. — Ich weiß, daß mein Statuenvolk meiner wartet, um sich besehen zu lassen und mit mir zu arbeiten.

Zuerst aber verweile ich noch in meinem kleinen Museum, in dem erlesene Stücke aller Epochen vereinigt sind. Viele meiner eigenen Skulpturen sind darunter, man unterscheidet sie, wiewohl ich mich instinktiv immer der Tradition nähere. — Originalität ist ein leeres Wort, ein Wort von Schwätzern und Dummköpfen, das schon viele Schüler und Künstler irregeführt hat. Es ist uns Bildhauern unmöglich, originell zu sein. Wir sind Kopisten. Die Gotiker waren nur deshalb so fruchtbar, weil sie die Natur kopiert haben. Wir sind Männer des Studiums.

Das Studium ist eine sehr liebe Schwester, die euch niemals verläßt. Sie leistet euch Gesellschaft, selbst wenn ihr sie nicht zur Arbeit auffordert. Und wie leicht ist es, ihre Aufmerksamkeit zu fesseln und auszunützen!

Dieses kleine Museum, das ich gewöhnlich so undankbar im Stiche lasse, — man versichert mir immer, daß Dinge von größter Wichtigkeit mich abrufen . . . — es hält mich heute fest. In köstlichem Halbdunkel liegt es; der Duft des schönen Wetters ist hereingedrungen. Aber mein Blick verweilt auf den Dingen, die für mich einen vertrauten Zauber haben. Diese Gipsabgüsse, diese Marmorstatuen halten mir kleine Vorträge, rufen mir meine Wallfahrten zu allen Kathedralen Frankreichs ins Gedächtnis zurück. Verzückung! Ich vernehme schwankende Modulationen, dann deutlichere Worte, beherrschende Strophen. Die Seelen der Meister unterweisen, läutern die meinige.

So verschieden die Entstehungszeiten sind: hier entspringt alles demselben Gesetz der Harmonie. Hier gibt es nichts als Meisterwerke, das heißt alle diese Bildwerke sind als Einheiten geschaffen. Deshalb scheinen sie alle einander zu ähneln und ähneln einander wirklich. —

Nein, kein einziges ist originell ...

Doch der großartige Lobgesang des immer wiederkehrenden Maßwerks hat den vollen Ton jener mächtigen Hymnen, deren Wirkung gleichfalls auf der Wiederholung beruht.

Dieses Rippenwerk, an das sich die kraftvoll rankende Pflanze klammert, ist der Saft, der Leben bringt. Er sprudelt, er bezwingt das Blatt, das sich unter seinem Ansturm formt. Wer hat dies Meisterwerk geschaffen? Ein Gotiker ohne Namen. Die schönen Vertiefungen! Diese Lokal- und Schlagschatten! Kann man es fassen, daß so viel wirkliche Größe in den Erhöhungen und Vertiefungen liegt, mit denen man das schlichte Abbild einer Pflanze schafft? Und wirklich liegt so viel Erhabenheit in ihnen, daß diese Erhöhungen und Vertiefungen den höchsten Gedanken gleichwertig sind. Weil eben hier Natur in ihrer Fülle sich offenbart, die sinnlich sichtbare Natur, das Endresultat all der Kräfte, die im Geheimen arbeiten.

Ja, ein einziges Gesetz herrscht, eine einzige Harmonie in allem. Das Allgeistige bindet alle diese Werke zur Einheit. Sie raten uns Bescheidenheit! Doch welches Licht entzünden sie in unserem Geist!

Ich schaue und kann mich nicht trennen. Ich bin von diesen Lichtern umgeben; die einen verlöschen in der Ferne, die andern flackern dicht vor mir ...

Diese Bruchstücke sind alt. Aber französisch oder griechisch, es ist dasselbe Fühlen, dieselbe Sphinx der Schönheit. Hier und dort ist es immer die in Kunst übertragene und in ihr wiederbelebte Natur. Dieselbe Übertragung schafft den außerordentlichen Glanz Ägyptens und Indiens. Ich sehe dies alles wie durch Freudenträren. Und wenn ich müde bin, den Menschen zu bewundern, wende ich mich der Landschaft zu und koste es tief aus, von der Krankheit, die Stadt heißt, zu genesen ...

Zur Wahrheit zurückkehren, zur Natur, auf die Grundlehren zurückgreifen: Gegenwart mit Vergangenheit verbinden. Der Instinkt erkennt über Zeiten hinweg den Instinkt wieder.

Gegenwart an Vergangenes zu binden ist eine Notwendigkeit. Nur so könnte die Menschheit wieder zu Weisheit und Glück gelangen. Jene, die das Glück besitzen, weil sie die Wahrheit anbeten, wollen diesen Schatz doch nicht für sich behalten. Und die ganze Menschheit hungert und durstet unbewußt nach ihm. Es herrscht ein Mißverständnis zwischen Vergangenheit und Gegenwart!

Man sollte den Künstler anhören!

Nicht nachahmen! Er selbst ahmt nicht nach: er wünscht nicht, daß man ihn

XII DIJON

nachahme. Selbst um sich der Antike zu nähern, bedient er sich nicht der Kopie, sondern desselben Mittels, das die Alten gebrauchten: des Naturstudiums.

Nicht nachahmen! Aber anhören!

Als fügsamer Vertrauter der Natur lebt er inmitten noch ganz anderer Wunder, als jene von Tausend-und-einer-Nacht sind. Er kann das Volk die Kunst des Bewunderns lehren und ihm auf diesem Weg unzählige herrliche Möglichkeiten der Entwicklung und des Glücks schaffen.

Vorausgesetzt, daß wir uns wirklich freudig den Gesetzen unterwerfen, — den wahren, nicht den vom Menschen geschriebenen, den ewigen Texten, ewig dargeboten unsern Augen, unserer Seele, unsrem Gemüt — so genießen wir einen unendlichen Lebensreichtum. Welch ein Paradies ist diese Erde! Reden wir nicht vom Übel, wir verstehen es nicht... Versuchen wir nur unseren Teil vom Guten, das uns zugefallene Glück auszuschöpfen: wir kommen nicht so weit, denn es ist unermeßlich. Und es ist uns geschenkt, im eigentlichen Sinne des Wortes.

Schönheit kostet ebensowenig wie Luft. Die Erde, ruhig oder umstürmt, in Blüten oder als kahles Skelett, die Jahreszeiten, Tiere und Blumen, die Volksmenge in der Stadt, die wunderbaren Bilder, die dir im Omnibus, auf dem Schiff, im Eisenbahnwagen begegnen: überall, Künstler, findest du Nahrung für deinen Schönheitsdurst. Was schadet es, wenn du von weitem nicht die Züge unterscheidest? Die charakteristische Bewegungsgeste ersetzt sie dir; und wenn du nur das Gesicht siehst, so deutet es dir auf die fehlende Bewegungsgeste hin; Gesicht und Bewegung erzählen die ganze Geschichte eines Menschen, sie sind ein ganzer Roman aus Fleisch und Blut. Und weil dieses Gesetz der Schönheit nichts Konventionelles hat, wirst du Ehrfurcht davor empfinden, selbst in den Zügen deines Feindes — wenn du seinen Anblick ertragen kannst — ja, selbst in jenen Wesen, deren Rasse der deinen feindlich ist. Die Tiere sind unserer Achtung würdig und mit Recht wird im Reiterstandbild das Pferd dem Ritter ebenbürtig. Es gibt bis zum Grashalm hinunter nichts, was nicht «in Schönheit zusammengefügt» wäre. — Nur betrachten und möglichst wenig hineinreden, die Schauspieler des Dramas nicht stören, sie nicht denaturieren. Früher suchte ich meine Modelle aus und schrieb ihnen die Stellung vor. Schon lange habe ich diesen Irrtum überwunden. Alle Modelle sind unendlich schön, und gerade ihre spontanen Bewegungen nähern sich dem Göttlichen am meisten. Und während sich mir die Schönheit enthüllt, sich in dem Maße, in dem ich sie besser verstehe, von Minute zu Minute steigert, beginne ich zu arbeiten, sobald mein Stift gespitzt und mein Ton bereit ist, — studiere, was ich sehe, was mir geschenkt ist, in dem Bewußtsein, daß es überflüssig wäre, zu wählen.

In diesem Geisteszustand, in dem man fühlt, daß man an der Natur teilhat, wie sollte man da nicht glücklich sein?

In diesem Glück möchte der Künstler von heute sich allen mitteilen, ebenso wie er es ehemals in der Kathedrale getan hat, denn hier ist Platz und Anteil für alle: dieses

Glück ist unendlich, dennoch gehört es ganz und gar demjenigen, der sich die Mühe nehmen will, es zu ergreifen. — Es ist eines der natürlichsten Gesetze, daß alles allen gehören soll. Füllt nicht jeder von uns den Himmel aus? Ich übertreibe nicht. Eine Frau, die ihr Haar kämmt, erfüllt mit dieser Geste den Himmel. Und es ist uns unmöglich, irgend eine Bewegung zu machen, die nicht schön wäre. Ebenso unmöglich ist es uns, unsere Gedanken und ihre Feinheiten, die sich in Gesten, grenzenlos an Zahl und Fülle, äußern, zu zerlegen oder zu beschränken. Wir haben also alle die Unendlichkeit zum Eigentum.

Diese Überzeugung erhebt uns und gibt uns das Recht, uns zu rühmen: «welch einen Platz hat uns die Natur an ihrem Busen gegeben!» Ihr Edelmut muß unsere Dankbarkeit wecken. Die Kunst ist der Ausdruck dieser Dankbarkeit, des Menschen Lobgesang auf die Natur, überströmend von Liebe und Anbetung.

Die Kunst ist der harmonische Ritus dieser großen Naturanbetung.

Ginge es nach dem Künstler, so müßten sich alle Menschen in dieser Religion finden, und die vom Menschen geschaffene Schönheit würde ebenso verstanden und geheiligt werden wie die des Himmels und der Meere.

Die Himmel rühmen des Ewigen Ehre: die Kathedralen fügen des Menschen Ehre hinzu. Sie bieten der Menschheit ein prächtiges, tröstendes, begeisterndes Schauspiel; sie zeigen uns das Schauspiel unsrer selbst, das in die Ewigkeit erhobene Abbild unserer Seele, unseres Vaterlandes, alles dessen, was wir mit offenen Augen lieben gelernt haben.

Wenn man dem Künstler folgen wird, werden wir nicht mehr blind sein für die gleichsam zur Familie gehörigen Herrlichkeiten dieser Bauten, die das Zeichen Frankreichs tragen, und nicht mehr taub für die Töne der Glocken, die unsere Sprache sprechen.

Hoch von den Glockentürmen unserer Kathedralen klingt die Hoffnung.

Dem guten Willen der Natur und dem Mute des Künstlers wird es gelingen, alles wieder in Ordnung zu bringen.

Diese alten Bauwerke bergen soviel Wärme! Sie sind in Wahrheit so jung! Bei ihrem Studium habe ich meine Jugend wiedergefunden.

Ich bin für meine Zeitgenossen eine Brücke, welche die beiden Ufer Vergangenheit und Gegenwart verbindet. Vor diesen riesigen Massen der gotischen Architektur habe ich das Publikum oft unschlüssig gesehen, es fragte, ob diese Massen wirklich schön seien. Möge es doch mich als Bürgen nehmen, nebst Ruskin und vielen anderen Meistern, die wir verkünden, daß diese Architektur von erhabener Schönheit ist. Ach, könnte ich doch das Mißverständnis zerstören, das gerade diejenigen von ihr abwendet, für die sie bestimmt ist!...

Warum bewundert man — allgemein, wie ich glaube — Griechen, Ägypter und Perser? Verleiht etwa den griechischen, ägyptischen und persischen Werken ihre Seltenheit einen größeren Wert? Haben sie denn mit jeder Wunde, die ihnen die Zeit schlug, noch mehr an Würde und Ansehen gewonnen? — Beachtet folgendes: den gemarterten Bauwerken des Mittelalters haben die Gewalttaten der Vandalen aller Zeiten und die traurigen Eingriffe, die man an ihnen in unseren Tagen vornimmt, den Stempel der Seltenheit gegeben, der euch an den Bauten Persiens, Ägyptens und Griechenlands gefällt.

Ich sagte schon, daß die Gewalttaten nicht tödlich sind. Natürlich muß man sie verdammen, man müßte ihnen vielmehr vorbeugen, und ich wünsche nur, man würde Frankreichs Gemeinderäte vor unsere alten Kirchen führen und sich bemühen, ihnen den Wert dieser Hände, dieser Gesichter, dieser Kleiderfalten, dieses großen Ganzen, das sie zerstören, verständlich zu machen ...

Aber gegen ein absolut schönes Werk kann der Vandale, wenn er es nicht zu Staub zermalmt, nichts ausrichten: die Fläche bleibt, ihr folgend stelle ich das Werk vollkommen wieder her und wende meinen Blick von der Wunde.

Auch die Verwüstungen der Zeit berauben uns nicht der Schönheit. Die Zeit ist unendlich gerecht und weise. Ihre Einwirkung auf unsere Werke nutzt dieselben ab, doch sie gibt fast ebensoviel, wie sie nimmt. Während sie die Einzelheiten abschwächt, fügt sie den Flächen eine neue Größe, einen ehrwürdigen Charakter hinzu.

Die wahren Feinde der Architektur und Skulptur sind die schlechten Architekten und Bildhauer — die großen Modechirurgen, die vorgeben, die verlorenen Glieder des Kranken künstlich «wiederherzustellen.» — O diese Künstler, die die Kunst «mit Überlegung» und Nachahmung betreiben!

Man muß studieren, selbst studieren.

Was ich selbst schaffe, ist geringfügig und nimmt wenig Platz ein. Aber das Werk unserer Alten! Es bedeckt unsern Boden! Es ist überall, wohin ihr bei uns blickt. Und dies eine Verdienst habe ich: ich habe das Werk gesehen, um euch von ihm sprechen zu können, um euch den Wunsch einzuflößen, es nun eurerseits anzuschauen. Das Volk hat nicht die Mittel, solche Studien zu unternehmen, es macht sich auf andere Art nützlich. Diese «Leute der Arbeit» haben nicht die Muße, die Kathedrale, dieses neue Herkulaneum, zu durchstöbern. Ich habe es für sie getan. Meine Arbeitsjahre haben mich, das fühle ich wohl, zum Bruder aller Arbeiter, zum Bruder der großen Ackersleute gemacht. Glücklich wäre ich, nähmen sie die Frucht meiner Arbeit an, meine Erfahrung.

So nehme ich jede unserer Provinzen, unsere Städte und ihren Stolz in meine Hand; in Paris, von wo sie weit über die Grenzen des Landes hinaus leuchten können, vereinige ich diese Reichtümer. Sie gehören allen! Jeder kann sagen: Ich bin reich.

Damit will ich aber nicht vorgeben, alles erfaßt zu haben, o nein. Ich habe meine Irrtümer eingestanden und könnte noch viele andere anmerken. Es sind so viele Schönheiten in dieser Schönheit enthalten. Wie stark der empfundene Eindruck auch sein mag, er ist niemals endgültig. Beim ersten Anblick ist man erstaunt, der Geist macht Anstrengungen, enorme Sprünge, um die Absicht des Künstlers zu erreichen. Aber das Gesetz selbst ist unerreichbar und wie am Horizont die Wolken emporsteigen, so häufen sich die Beobachtungen . . . Ich betrachte, ich versuche wie ein Chemiker zu zerlegen und wieder zusammenzusetzen. Seit zwanzig Jahren halte ich es so, daß ich jedesmal von einer kleinen Entdeckung, einem Verständnisfunken lebe, ich rechne nicht mehr auf die Eroberung des Absoluten.

Die Wissenschaft gibt sich einem Menschen nicht ganz. Ich füge mich dem Gedanken, nur ein Glied in der Kette zu sein. Könnte ich doch dazu beigetragen haben, Einsicht und Unterordnung in die Kunst zurückzuführen! Und möge ich doch gehört werden, wenn ich Einfachheit als Grundbedingung des Glückes und der Schönheit predige! Es ist wahr, diese Einfachheit ist schwer zu erreichen; alles, was wir sind und tun, steht im Zusammenhang mit der ganzen Natur. Man müßte also immer an die ganze Natur denken. Ist dies möglich? Und doch ist in dem Modell vor mir die ganze Natur: ein fester Punkt oder eine Vielheit fester Punkte. Betrachten wir aufmerksam das Modell: es wird uns alles sagen.

Unglücklicherweise sind wir in den Städten zu einer so fieberhaften Reizbarkeit gelangt, daß die Natur Mühe hat, uns zu beruhigen. Was mich betrifft, habe ich noch Sehnsucht nach menschlichen Leidenschaften. Vielleicht ist es gut, das Unglück immer vor Augen zu haben, um nicht abzustumpfen . . .

Meine neue Freundin, das Alter — das meine Zeitgenossen mir so schön gestaltet haben! — gibt mir sichere Einsichten, die ich zum Danke mit allen teilen möchte.

XIII ÉTAMPES

Anmerkungen über den
romanischen Stil

Die Gotik ist die Geschichte Frankreichs, sie ist der Stammbaum aller unsrer Geschlechter. Sie ist der leitende Gedanke in unserer Bildung, so wie sie auch in unserer Umbildung lebt. Sie ist in den ihr folgenden Stilen enthalten, bis zum Ende des XVII. Jahrhunderts. Diese Stile sind ihre Varietäten.

Der romanische Stil ist demütig und düster wie die Geburt der Religion, denn er stammt aus den Katakomben und von den ersten Christen, die in tiefen versteckten Krypten lebten.

Das Romanische erinnert immer mehr oder weniger an den Keller, die drückende Gruft. Die Kunst ist hier luftlos, eine Gefangene. Ist die Schmetterlingspuppe der Gotik.

Nach der natürlichen Ordnung hat diese Schmetterlingspuppe nur die wesentlichsten Formen, die sich erst im vollendeten Geschöpf entfalten. Sie sind von herber Einfachheit, nur durch einen Saum, einen Fries, eine Girlande geschmückt, die rings um ein Fenster läuft, sich zum nächsten hinzieht und so das ganze Gebäude umwindet. Man findet diese dekorative Einfachheit in koptischer Passementerie wieder.

Selbst in der Zeit ihrer übertriebensten Schmuckverschwendung hat die Gotik niemals das romanische Prinzip verleugnet. Sie ist französisch. Sie folgt aus dem Romanischen wie aus der Knospe die Blüte.

Die romanische Halle.

Die Bogen sind aufgesetzt und die Ordnung dieser Aufsätze ist mit Skulpturen nach sehr einfachen Motiven, nach fast kindlichen Zeichnungen geschmückt. Hier gibt es keinen Gegenstand, nur Ornament. Für fast alle Menschen ist dies uninteressant, wertlos, plump.

Welcher Irrtum! Wir wären nicht mehr fähig, dies zu schaffen! — Mir ist's, als hörte ich Äschylos oder Homer selbst.

Ich weiß es, wir behaupten, in unsern Kompliziertheiten liege mehr Geist als in diesen «barbarischen» Werken. Aber dieses Barbarenwerk hat einen erhabenen Akzent.

Wir täuschen uns.

Die Alten waren bemüht, die Schattenmassen zu begrenzen, sie zu bilden und dem Zwecke nach auszugestalten. Wir aber meißeln Ornamente, die der allgemeinen Gesamtlinie fremd sind; und das paßt nicht in den großen Strom der Harmonie. Die Fläche ist für richtigsehende Augen die Hauptsache; deshalb ist sie bei den Alten immer sehr schön. Sie erzeugt die merowingischen Schatten, heftig und stark, hart und wild.

Das alles ist die großartige romanische Kunst. Sie ist die Geometrie des Schönen. Epochen, die wir immer wieder als barbarisch bezeichnen, besaßen diese Überlieferung des Wissens, wir haben sie verloren.

Der romanische Stil ist der Vater des französischen. Voll Zurückhaltung und Tatkraft ist er, er hat unsere ganze Architektur hervorgebracht. Heute und immer mag die Zukunft seines Prinzips gedenken. So wie schon das Ei den Lebenskeim birgt, war dieser Stil in seiner primitiven Phase vollkommen, und das Füllhorn ist noch nicht ausgeschöpft: es ist unerschöpflich.

Der romanische Stil stammt von den Römern. Er hat die Lehre bewahrt, welche die Römer zweifellos von den Griechen und jene wieder von den Ägyptern übernommen haben. Diese Lehre, das Rückgrat aller lebensfähigen Kunst, ist eine aus den Urquellen, aus Natur und deren Gesetzen geschöpfte Geometrie. Sie ist bis auf unsere Zeit aufbewahrt worden, damit wir uns eines Tages ihrer erinnern könnten …

Wann aber werden wir endlich aufhören, die Vergangenheit zu schmähen, wir, die so erbärmlich ihre herrlichsten Tugenden verloren haben? Weder in der Architektur, noch in der Skulptur wissen wir mehr, was die Fläche bedeutet, dieser Entwurf der Tiefenwirkungen, diese Zeichnung und Dosierung des Schattens … daher unsere grundfalschen Urteile.

Jene langen und zahlreichen Treppen und jene stufenförmigen Wandpfeiler der Strebebogen, die man zum Beispiel in Chartres bewundern kann; die waagrechte und senkrechte Linie, die sich in ihren richtigen Valeurs entwickelt: das ist Gotik; sie beruht auf dem Strebepfeiler. Und dieser Strebepfeiler ist nichts anderes als der schlichte, straffe Strebepfeiler des romanischen Stils, hier durchbrochen und ziseliert.

Wie die lange gedrückte Pflanze sich langsam auf ihrem Stengel aufrichtet, so erhob sich nach einem Zeitraum von vier Jahrhunderten die gedrückte Pflanze des romanischen Stils in kleinen Säulchen, und es entstand die Gotik; der wundervollen primitiven Gedrängtheit hat sich die Klarheit zugesellt.

O Säule, die bis zur Decke emporsteigt und die zweimal Kapitelle hat — erneuerte Kraft, die ihren Schwung wieder aufnimmt, — zwei Knoten, wie sie gewisse Stengel, zum Beispiel jener des Binsenrohres oder des Korns haben.

Stämmige Bogen, von stämmigen Säulen getragen. Archen, in denen sich Schiffe mit prächtigen Säulen öffnen: Arche Noahs.

Melun

Beim Eintritt in diese alte Kirche ist es mir, als beträte ich meine Seele. Beim Öffnen der Türe erheben sich meine geheimsten Träume und kommen mir entgegen.

Es ist immerhin der Eindruck einer Gruft, eines Grabes.

Welche Stille! Weltenfern!

Aber die Lichtstreifen im Hintergrund lassen Hoffnung zu, ermutigen. Das schwere Schweigen, das diese festen Säulen zu tragen scheinen, ist jene Luft, die den Gedanken nottut.

Schweigen vibriert hier wie Licht. Dieses Schweigen ist Ausdruck, Seele dieser strengen tiefen Kunst.

Zwei Säulen nahe dem Chore, sozusagen auf eine Basis zusammengekoppelt, muten mich wie zwei Engel an. Sie sind von triumphalem Audruck. Zwei hehre Zeugen der Kraft und Reinheit, deren Allerheiligstes hier ist, sie geben dem schweren Gebäude eine unaussprechliche Anmut. Und plötzlich, während ich sie immer inniger betrachte, wachse ich über mich hinaus, nehme teil an ihrem Wesen, Ströme von Reinheit und Kraft dringen in mich ein. Die Jugend meiner Seele belebt sich wieder. Zum zweitenmal empfange ich die Taufe und gehe glücklicher aus ihr hervor, durchdrungener von göttlicher Glorie und menschlichem Genie.

Außer den Kapitellen ist kein einziges Ornament in dieser Kirche. Alles ist hier Masse, Würfel, rechtwinklig. Als einzige Abwechslung dienen die hohen schmalen Säulen, die sich auf diesen Kuben, diesen massiven Pfeilerstützen bis an die Decke als Halbrelief erheben, die mächtigen Stützen dieser Kirche, die so fest gebaut ist, daß man eine zweite Kirche auf ihr errichten könnte.

Und verwirklicht sich diese Möglichkeit nicht in der Weltgeschichte? Ist die gotische Kirche nicht auf der romanischen erbaut worden?

Eine geradezu furchteinflößende Geistlichkeit offenbart sich hier. In diesem strengen Stil ist nichts erfunden, nichts von Menschen gewollt, denen auch ein anderes Wollen freigestanden wäre. Eines folgt dem anderen. Die Schaffenden gehorchen eher als andere Menschen und Jahrhunderte sind beherrscht von einem langlebigen Gedanken.

Ich fühle mich glücklich, bezwungen wie eine Frau von ihrem Geliebten. Diese Offenbarung der Wahrheit bringt mich in Verzückung. Wie fern bin ich meiner Zeit! Nur mit Mühe erinnere ich mich, daß ich noch vor kurzem die Straße, die wirkliche gegenwärtige Straße gegangen bin. Meine wahre Nahrung ist hier in dieser Gruft. Hierher zielt mein ganzes Leben, mein dauerndes Studium. Alle meine früheren Bemühungen waren darauf gerichtet, mir diesen siebenten Himmel zu öffnen! Ich weiß nicht, was ich in Athen, in Ägypten empfinden würde... Könnte es mehr sein?

Ich muß hinzufügen, daß ich schon früher einmal dieselbe Kirche betreten und daß ich sie damals kalt und traurig gefunden habe. Aber seitdem bin ich mit den Jahren einsichtiger und zärtlicher geworden.

Das Portal, im XVI. Jahrhundert erneuert, ist von unendlicher Grazie: als architektonische Verzierung ist es der Poesie der «Dichterpleiade» ebenbürtig.

Im Giebelfeld sind nur noch Ornamente, auserlesene freilich. Zweifellos waren früher hier Figuren von größerem Interesse. Der tiefen Waldsymphonie ist Vogelgezwitscher gefolgt.

Später geht dies alles in Kartuschen über. Wo sich früher eine ganze Geschichte entwickelt hat, wird man nichts mehr als ein Wappenschild vorfinden; nur wenige Spuren dieser göttlichen Geschichten werden bestehen bleiben.

Und noch später werden diese Spuren, Andenken des großen Stils, in den meisten Städten die Wohnsitze einiger Privatleute schmücken: ruhige Eleganz, friedliche Vornehmheit der Türen und Fassaden.

Diese blumige Expression des französischen Geistes, dieses geistige Wohlbefinden, das unsere Rasse auszeichnet, ist die letzte Form der gotischen Kunst, vom Genie der Renaissance retouchiert.

...Dort treten Kinder in die Kirche ein, um sie nach einigen Minuten fröhlich wieder zu verlassen. Sie gleichen jenen köstlichen Renaissance-Ornamenten, die man dem Portal hinzugefügt hat. Wer weiß, vielleicht haben diese Kinder etwas von diesem Katechismus aus Stein erfaßt? Glücklicher, weiser als ihre Eltern... Jene gehen an der Kirche vorbei, ohne einzutreten, ohne sie zu sehen...

Wann wird eine Generation kommen, die fähig wäre, mich zu verstehen, mich, der unaufhörlich wiederholt: Hier ist die Wahrheit der Kunst und das Glück!

Ihr gelten meine Worte.

XIV ÉTUDE

Etampes

Ich wohne für ein paar Tage in der Nähe der Kathedrale, ich schlafe ein und erwache in Gedanken an sie. Mit dem Angelusläuten beginnt mein Wanderleben. Und sofort, bis zur Abendstunde werde ich dem Zauber wieder verfallen, den dieses einzigartige Juwel einer im übrigen durch die munizipale Barbarei verschandelten Stadt ausstrahlt.

Ein Mensch, der vor zehn Jahrhunderten lebte, ist in mir auferstanden. Gibt es etwa ebenso wie Adel des Blutes einen Geistesadel, der die Jahrhunderte durchdringt? ... Doch vielleicht bin ich zu anmaßend? Nein. Ich verdanke der Kunst meine ganze Entwicklung.

Die niedliche Kirche ist nicht groß. Aber welch ein Glockenturm! Welche Grazie hatte er gestern im Mondlicht!

Ein Glockenturm in Lanzenform. Mit kleinen Säulen durchbrochene Türmchen bilden seinen Umfang. Eine große Mauer, ein starkes mächtiges Ausruhen: das ist die Seitenansicht. Diese Mauer findet ihre reiche Fortsetzung im Portal; es wirkt dunkel, wie zwischen Hoch- und Flachrelief liegend. Dieses Portal, sehr verschieden von gotischen Portalen, erinnert mit seinen Vorsprüngen ein wenig an antike Sarkophage.

Ich vergaß nämlich zu sagen, daß diese kleine Kirche romanisch ist. Ihre Heiligen und Kirchenväter erheben sich in stark verlängerten Figuren am Portal und im Giebelfeld. Es ist unmöglich, in ihnen die wahren Säulen der Kirche zu verkennen. Das geordnete Ebenmaß ihrer Tunikafalten, ihre abgemessenen Gesten verraten ihre Sicherheit und die Kraft ihres Geistes, so wie die kleinen, unter ihren Füßen zermalmten Ornamente ihren Sieg über Leidenschaften und Laster künden. Über ihnen schwingt sich der Bogen des Giebelfeldes und die Heiligen scheinen in ihn eingefügt wie Planeten in die Halbkugel der drei Himmel.

Noch sind sie unser! Mögen sie doch niemals in die «Sammlungen» kommen! Mögen sie niemals von dieser Türe gerissen und verkauft werden, um dem blinden Fortschritt Platz zu machen.

Aber man muß alles befürchten, denn diese Wunder, die den Ruhm so vieler Jahrhunderte gebildet haben, scheinen für unsere Zeitgenossen nicht mehr vorhanden zu sein. Und selbst hier muß man an Gewalttaten erinnert werden. Sie haben viele schimpfliche Spuren hinterlassen. Einige Vorsprünge sind abgeschlagen, einige Kapitelle zerbrochen, die Sockel der Heiligenstatuen, ihre Gewänder verstümmelt.

Die Bilderstürmer sind wieder erschienen, in Begleitung von Kirchenfürsten, Architekten, Restauratoren und Gemeinderäten . . .

Ich war wieder in der Kirche, habe die Freude gesucht und wiedergefunden, die dieser liebliche Wettstreit von Schatten und mystischem Licht immer wieder über mich ausgießt. — Noch einmal will ich den Augenblick durchleben . . .

. . . Von Gesängen umschmeichelt bewegt sich, entrollt sich mein Denken, eine bezauberte Schlange, erschrickt anfangs vor dem Dunkel. Doch vom Überschreiten der Schwelle an beherrscht mich eine einzige mächtige Empfindung: das Gefühl des Grandiosen in weislich eingerichteter und vertiefter Finsternis. Doch dort im Hintergrund dringt Licht durch die Fenster. Ich beginne zu sehen.

Die Leuchter dort unten sind wie eine glühende Krone geistlicher Blumen, die regungslos brennen.

Die Säulen erscheinen mir in ihrer ruhigen Ordnung. Sie werden noch stiller, je mehr sie sich mir nähern. Wenn ich an ihnen vorbeigegangen bin, weichen sie zurück, den Hintergrund durchschreitend leuchten sie schimmernd und kommen von der anderen Seite wieder, einander ähnlich, doch niemals dieselben, da ich sie aus verschiedenen Entfernungen betrachte. Es ist mir, als sähe ich die weißen Jungfrauen einer Prozession ihren Weg an mir vorüberziehen, verschwinden und wiederkehren, da sie ihren Ritus vollzogen haben. — In dieser rätselhaften Kunst hat alles menschliches und geheiligtes Leben zugleich. Und mit welch einfachen Mitteln werden hier verschiedenartige Wirkungen erzielt.

Meine Augen gewöhnen sich. Die wahre Ordnung der Dinge hat sich enthüllt. Doch bleibt sie auch als Wirklichkeit Poesie.

Die Fenster in der Tiefe der Apsis sind wie ruhige Sterne am Firmament. Die Fenster erinnern auch an Blumen, an wirkliche Blumen, wiewohl sie wirkliche Fenster sind.

Wie süß ist doch der Schatten! Es ist, als wiege er die Gesänge in der Tiefe des Chores. Und die Entfernung verwandelt die Kirchenfenster in ein wenig verblaßte Fresken.

Welche Harmonie! Wie gern möchte man sie mitnehmen, sich gegen das feindliche Chaos der Welt zu schützen!

Regungslose Lichter erhellen den Raum und ich erkenne jetzt die gläubige Gemeinde.

Eine Frau kommt, unter ihren langen schwarzen Schleiern zittert Jugendfrische, ihre Linien wiegen sich leicht unter den Falten. Eine andere, reizend und zerstreut, bewegt ihre Lippen: vielleicht betet sie gar nicht. Zuweilen durchkreuzen einander die Menschenströme, Frauen schreiten schnell hindurch, wie Pfeile der Grazien.

XV ÉTUDE

Man hört schon lange ferne Stimmen herannahen, alternierend, ihre Rhythmen ineinander verflechtend; sie kommen. Es ist die herannahende Prozession. Da tritt sie ein.

Zuerst drei Jünglinge, lieblich wie die Musen. Der eine trägt das Kreuz, die beiden andern Leuchter; ihre Bewegungen haben die Süße und Sicherheit der Gesten, die man in den Skulpturen des Giebelfeldes findet. Auch das Kostüm ist glücklicherweise alt und die langsam schreitenden Verse stimmen zu seinen Falten.

Dann folgen junge Mädchen, von einer Nonne geführt, die ein wundervolles Menschenexemplar ist: streng, aufrecht und schön wie die Karyatide der Pflicht. Nicht zu reden von den Männern, den Priestern mit den ausdruckslosen verschlossenen Zügen, von denen die Sympathie sich abwendet. Ich bemerke nur zwei große Chorknaben in ihrer Mitte, die den Weihrauchkessel schwingen, glückliche Gesten, so maßvoll und gehalten!

Jetzt ist der große Augenblick gekommen: die Menge singt ihr Herz ins Gebet — Bibelverse, Antiphonien, Litaneien. Sie ist scheinbar stumm; doch ihre Stimme steht an ihrer Statt. Der bejahrte Mann und das Kind entsenden sie im Namen aller in wunderbaren Gesängen, himmelwärts, in Gesängen, die wie wahre Hochreliefs dem Altar entsteigen und von den Heiligengruppen in den Bogenrundungen empfangen werden.

O wie lieben doch die Kathedralen die Skulptur! Sie flößen den Frauen Sinn für schönen Faltenwurf ein, sie raten ihnen, zur Steigerung ihrer Schönheit strenge Falten zu wählen: denn Bescheidenheit und Keuschheit sind die älteren Schwestern der Schönheit, und das wissen die Kathedralen.

Ist hier nicht überall eine wunderbare Lobpreisung der Frau in der plastischen Sprache des Gebetes ausgedrückt? Und wenn hier vor allem die heilige Jungfrau verehrt wird, ist nicht sie, die uns die Pforten des Frühlings erschließt? Wird uns nicht durch sie das Universum offenbart?

Seid ihr niemals stehen geblieben, Herz und Geist in sprachloser Betroffenheit vor diesem Meisterwerk, das ihr entdeckt hattet: vor einer Frau im Gebet. Die Frau verliert niemals ihre Linie, sie ist die Königin der Anmut, dieses göttlichen Geschenkes, das ihr stets einen übernatürlichen Charakter verleiht, und in uns den Wunsch weckt, ihr eine Krone aufzusetzen. Ach! Und jene, die auf den geheimnisvollsten Grund der intimsten Wonnen hinabgestiegen sind, wissen es wohl, daß die Frau ein Unergründliches bewahrt und daß in diesem Unergründlichen die Frau uns beherrscht! — Und seid ihr nicht, als ihr jene betende Frau in der Kirche wahrnahmt, zurückgetreten und seid leise, unbemerkt wieder näher gegangen, um dieses Glück zu genießen, diese Stellung zu bewundern, die so vollkommen mit dem ganzen Schiff harmoniert, diesem mächtigen Rahmen, ausersehen für dieses einzigartige Bild? Und könnt ihr sagen, daß diese Frau und ihr natürliches Genie geringer seien als irgend eines der unstreitigsten Wunder der Kunst? Ist sie nicht, sie selbst, von vollkommenster Architektur? Bilden nicht die Tempelsäulen ebenso ihr Gefolge, wie die schönen Bäume in einem Liebesgarten ihr Gefolge wären?

In den Kathedralen sind alle Frauen Polyhymnien, all ihre Bewegungen kehren zur Schönheit zurück. Die Architektur gießt ihren Glanz wie einen Dankeszoll über sie. Sehet die Krönung der Jungfrau im Giebelfeld: wie richtig verstand der Künstler, der so viel keusche Bewegung in dieses schöne Antlitz gelegt hat, daß die Verteilung des Schattens für den Ausdruck der Göttlichkeit einer Seele wesentlich ist.

Beim Verlassen der Kirche wollte ich noch einmal mein großes Basrelief am Portal studieren, das einem Sarkophag auf einer hohen Mauer mit Zinnen gleicht.

Eine Höhe von etwa sieben Metern bei ebensolcher Breite; ein Meter Vorsprung für den Strebepfeiler auf der Mauer; etwas mehr Tiefe bei der Türe, etwa doppelt so viel.

Der Schatten hebt sich deutlich rings um die Figuren ab, die ein wenig wie ausgestanzt wirken.

Dies bringt den zwischen Flach- und Hochrelief schwebenden Eindruck hervor. Ohne übermäßig graziös zu wirken, hat es doch nicht die Nüchternheit des Byzantinisch-Arabischen, weil die Wölbungen der Schwibbogenverzierung die Vorsprünge und die Schattenanordnung schräg überdecken.

Immerhin liegt in diesem Stil eine gewisse Strenge, welche der weichere Zug der Gotik mildern wird. Gerechtigkeit, Herbheit und Zucht verkörpern sich in diesen gehemmten, in ihrem Schwung aufgehaltenen Vorsprüngen. Diese gehemmte Schwungkraft wird bald aufsteigen. Glaubenskraft wird zu Glaubenslust, Zucht zu Freude erblühen.

Die große Sorge der Gotiker, im Gegensatz zu den romanischen Künstlern, war es, dem wohlberechneten Kampf zwischen Licht und Schatten die Geschmeidigkeit des Details abzugewinnen. — Dieses Basrelief ist eher romanisch; die dunkle Tönung darin ist ausgemeißelt. Aber wie majestätisch ist es, in seiner naiven Barbarei und Kraft.

Alle unsere Kathedralen, ob gotisch oder romanisch, sind in der Weisheit ihrer Proportionen sublim, in dieser Haupttugend, die zugleich allen Glanz der Natur und der Kunst verleiht.

Sehet nur, wie die großen Mauern dieser Kirche von Etampes durch das Schweigen ihrer Flächen die beredte Wirkung des Portals und die gleichsam gesangvolle Wirkung des kompakten und dennoch so filigranen Glockenturms vorbereiten!

Anbetungswürdiger Menschengeist, der auf Jahrhunderte hinaus seine Liebe, seinen ganzen Glauben, sein ganzes Schaffen in einer einzigen Genietat den Küssen der Sterne ausliefert.

Die Kathedralen sind meine Märchenfeen, sie unterweisen mich, indem sie mich entzücken.

Mantes

Das kleine Hotelzimmer, in dem ich schlief, ist ganz von Liebe umgeben. Seine Atmosphäre macht mich für die Gemeinschaft mit der Natur bereit. Nach vollbrachter Nacht läßt mich ein Morgenspaziergang von neuem lieben und hoffen.

Auf, wo ist das Meisterwerk?

Die Stadt existiert nicht. Diese ganze ungeistige Kleinstadt schöpft ihre Ideen aus der Hauptstadt... Oh, wie verfehlt! Die Hauptstadt hat schon längst ihre alte Kraft verloren und ihre wechselnden Erregungen befriedigen nur die gewöhnlichen Bedürfnisse.

Es gibt hier nur die Ruinen von Saint-Jean, herrlich, ungeheuer.

Das Spiel der Sonne am Nachmittag in dieser Kirche. Sie entweicht und kehrt wieder. Das Licht schreibt hier so manches nieder.

Sehr oft mildert es durch seine Verbindung mit dem Schatten die Härten der Gotik: so unterstützt es den Gedanken des Künstlers.

Die Sonne verschiebt sich wie ein Fächer. Sie malt wie der Künstler mit schnellen Strichen und eilt, wohin es sie lockt.

Mit einer schlechten modernen Schöpfung jedoch oder mit dem Gedanken eines mittelmäßigen Architekten wüßte dieser mächtige Gott nichts anzufangen. Aus solchen Werken und Gedanken kann das Licht nur Langeweile auslösen.

Um aber die Sonne richtig zu würdigen, muß man lange in ihrem dreimal heiligen Kreis verweilt, muß man weit gegangen sein, ihr zu begegnen, muß lange ihr Schüler gewesen sein. Ebensowenig wie den Gebäuden hat die Sonne jenen Künstlern zu sagen, die nicht im Freilicht der Bauhütten zu ihrem Verständnis erzogen worden sind.

Ist es möglich, daß man sie nicht kennt und ihre Gaben mißachtet? Zeigt sie uns nicht majestätisch das Weltall? Schenkt sie ihm nicht Wärme und Leben? Begeistert sie nicht den Dichter, den berühmten wie den unbekannten? Sie ist es, die den Reichtum des Bauern, die Freude der Tiere, die Fruchtbarkeit des Landes bewirkt; und die Gedanken des Menschen haben vielleicht Ursprung und Heimat in ihrem Licht und ihrer Wärme.

Lange hat der Mensch geglaubt, in ihren Feuern die Wahrheit Gottes leuchten zu sehen — und Gott liebt es, daß man die Sonne anbetet. Wenn sie strahlt, formt sich die Erde in ihrer göttlichen Flamme.

Nur mit dieser Geduld und Ausdauer ist es möglich, die Geometrie des Lichtes zu verstehen und zu fühlen. Dann genießt der Geist den Frieden in der Stille und schöpft aus ihm neue Energie und Größe.

Das Licht im Innern der Kirche, von den Glasfenstern gedämpft, hängt von diesen ab und richtet sie. Hier zum Beispiel ein schlechtes Kirchenfenster, moderne Arbeit, die sich den Platz eines alten Wunderwerkes anmaßt. Licht, das durch dieses Fenster dringt, stört den Frieden des Ortes, bringt die Proportionen in Aufruhr. Um dieses Fenster wittert Sturmwind. Und die Kathedrale hier ist doch ein schöner Sommertag.

Dagegen ist ein anderer Teil der Kirche wirklich in den Himmel getaucht: da gibt es nämlich keine restaurierten Fenster. Die alten Fenster sind dem Himmel ebenbürtig. Die neuen sind Glasfenster für Hallenbäder und Ausstellungspaläste. Sie sind kalt trotz ihrer gewaltsamen Farbenflecke.

Jenes dort, im Geist breite ich es auf der Erde aus: es ist ein Teppich, ein orientalischer Teppich mit Himmelstupfen.

Diese hier: einige Pakete Kartenspiele. König, Königin, Bube; welches Unglück, daß die großen Vorwürfe heute mit den Mitteln einer minderwertigen Industrie behandelt und wiedergegeben werden! Die Kirche ist dahin gelangt, die Idole primitiver Volksstämme nachzubilden.

Einige Fenster machen den Eindruck, als seien sie von japanischer Kunst beeinflußt: sie sind kostbar; andere in chinesischer Kunstart sind streng.

Ich muß wieder auf Sprünge und Restaurierungen zurückkommen.

Den Künstler sollen Sprünge nicht beunruhigen; sie erhöhen meist die Wirkung, statt sie zu mindern.

Zumindest stören sie niemals.

Die Restaurierungen sind es, die Verwirrung verursachen. Ein Sprung ist immer eine Sache des Zufalls; der Zufall aber ist ein großer Künstler. Wollte man Sprünge eigens herstellen und glätten, so wäre es abscheulich. Ich klage mithin nicht die Bilderstürmer an, sondern die Reparateure.

Betrachten wir den Renaissancebrunnen von Mantes. Die Gassenjungen dreier Jahrhunderte haben ihn beschädigt; er blieb dennoch schön. Jetzt ist er «bürgerlich» ausgebessert worden; man hat eine Stuckarbeit für Ausstellungen, für Gärten, im Stil der Similisteine aus ihm gemacht. Keine Gestaltungen mehr, keine Wirkungen.

Die Restaurierungen rauben den Kirchen ihren Stil. Ihre Kapitelle werden weichlich und schwerfällig. Sie nehmen den Charakter von Rathäusern und Gemeindebauten an. Ihre ganze Form als Gesamtheit wie in den Details ist beleidigt und gequält.

Produkte eines kranken Frankreichs, eines Landes, das von seinen Erwerbssorgen verwüstet ist, dieses Frankreichs der Schulen, in denen man spricht und nicht mehr zu arbeiten versteht.

Der schöne Schmuck von ehedem ist gefallen, die Maske zerrissen wie ein schöner Schleier. Man weiß nicht mehr . . .

Das Übel kommt von den Schulen, den Museen. Man soll seine Kenntnisse nicht in den Museen suchen; die sind nur zu unserer Erbauung da. Wollt ihr wirklich lernen, so bleibt bei der Arbeit allein mit der Natur, betrachtet sie unmittelbar mit euern eignen Augen —. Dann erst könnt ihr in die Museen gehen und ihr werdet euch dort heimisch fühlen. Jene, die mit den Museen beginnen, werden ewige Kopisten bleiben, Übersetzer, die jeden Sinn zerstören, weil sie, selber ohne Initiative, nichts verstehen können.

Wißt ihr, wie im Sinne unserer Zeitgenossen das Original aussieht? Es ist das «Zusammengestückelte». Die Alten ließen eine solche barbarische Form gar nicht aufkommen. Die heilige Volkseinheit ihrer Nationen gestattete keine Verdünnung ihres Charakters. Sie sahen in der Kunst ein Gleichgewicht der Kräfte, wie sie es der Natur, also einer Vernunft höheren Ranges, als die unsere es ist, ablernten.

Dieser Vernunft gehorchen, statt sie durch künstliche Berechnung verbessern wollen, heißt, sich jenen untrüglichen Kräften hingeben, die der Künstler handhabt, ohne sie zu begreifen, in das Geheimnis der Natur eindringen. Seien wir einfach wie die Alten. Je einfacher wir sind, desto vollkommener werden wir sein, denn Einfachheit bedeutet Einheit in der Wahrheit.

Das Studium in den Schulen ist nichts als ein Studium der Vorderansicht, also einer Illusion. Schon der Anblick des Menschen selbst wie das Erlebnis des menschlichen Geistes beweisen diesen Irrtum. Die Vorderansicht ist eine Resultante verschiedener Profile. Der Plan jedes einzelnen dieser Profile ist einfach. Nur durch ein langes geduldiges Verhältnis zu den Dingen kann man diese Einfachheit erzielen.

Übrigens zeigt sich uns das Leben in einer Gestalt, die wir verleumdet haben. Wir können dieses lebende Bild glücklicher Erhabenheiten nicht mehr fassen. Wir gehen daran vorbei, ohne es zu sehen. Unser Unglück kommt daher, daß wir wie Toren die Natur verbessern wollen. Unser Widerstand verrät unsere Ohnmacht.

Und dennoch, welchen Genuß, welche Hilfe verschwendet die Natur an jene, die sie zu sehen und zu bewundern verstehen! Bewundern heißt, in Gott leben, den Himmel kennen, — den Himmel, den man immer falsch beschrieben hat, weil man ihn immer allzu fern sucht: er ist da, wie das Glück, ganz nahe bei uns! Wie euch die reale Gegenwart auch beeinflussen mag: ihr müßt nur verständig und dem Gefühl zugänglich sein. Beginnet die erste beste Pflanze zu studieren und bald werdet ihr die ganze Kinderei des Eigennutzes und des Ehrgeizes verachten.

Wir sagen oft, die Temperatur sei schlecht: was wissen wir von ihr?

Ich wiederhole, man muß die Gesamtheit beurteilen können. Habt Geduld, laßt das Verständnis herankommen und bewundert zunächst. Alles ist bewunderungswürdig, selbst das, was uns verletzt. Auflehnung wider die Natur ist unnütze Kraftverschwendung, sie entsteht aus Unwissenheit und endet im Schmerz.

Oh! Schlechtes Wetter, sind das nicht die trüben Tage, an denen der Himmel einem drohenden Meere gleicht, das übertritt und sich im nächsten Augenblick herabstürzen möchte — wie schön ist das!

Setzen wir es als erste Gewißheit, daß die Natur ganz und gar schön ist, und mit diesem Prinzip gerüstet, wollen wir uns umschaun: wir werden wachsen, wenn wir die wirkliche Größe jener Erscheinungen, die früher unsere Blicke abstießen, erkannt haben. Aber wie alle Errungenschaften bedarf auch diese eine Anstrengung, deren wir nicht mehr fähig sind.

Warum soviel Weichheit, soviel Schwäche in dem, was wir Geschmack, unseren Geschmack nennen? Weil wir in einer Zeit leben, die sich mehr mit der Materie als mit dem Geist beschäftigt und in welcher der Kunstgeschmack abgeschafft ist. Man verschmäht es, die realen Kräfte seinem Dienste zu weihen. Wie wollt ihr von unseren sogenannten Künstlern, die sich nicht die Mühe nahmen, im Freilicht zu studieren, erwarten, daß sie die gotischen Bauten, diese erhabenen Beispiele des wahren Lebens, an deren Restaurierung sie sich heranwagen, mit Achtung behandeln. Sie verstopfen die Lichtquellen. Sie sind unfähig zu verstehen, zu vergleichen, sie haben zu viel Eile.

Der Studierende muß langsam vorwärts gehen, muß dieses Zeitalter der beschäftigten Menschen verlassen und im voraus darauf verzichten, Reichtümer zu erwerben.

Wir haben keine Zeit mehr, zu lernen. Es gibt keine Lehrlinge mehr. Der Künstler, der doch seinerseits die Wohltat der Lehrzeit gekannt hat, hat keine neuen Schüler herangebildet. Die Kette der Jahrhunderte ist zerbrochen. Arbeiten! Gibt es noch Menschen, die arbeiten? Ja, es gibt noch einige . . . — Aber wozu, da man sagt, daß Arbeit zu nichts führt?

— Ihr irrt! Die Arbeit führt vorerst zum Glück. Und mehr noch: sie führt vielleicht dazu, Gott durch seine Schleier hindurch zu schauen. — Die Arbeit tötet des Schaffenden Eifersucht. Der Mensch, der den Wert der Arbeit kennt, erhebt sich über die niedrigen Leidenschaften, er bewundert die Erfolge seiner Genossen, er ist dem Genie dankbar, das in Werken und unzähligen Nachwirkungen fortlebt. — Arbeit ist ewige Verjüngung. Sie verbindet uns mit den Tieren, die unsere wahrhaften Brüder sind, mit den Bäumen und allen Pflanzen, den niedrigsten wie den prunkvollsten. Was für liebliche Freundinnen sind doch die Gemüsepflanzen! Warum sollten Salat oder Sellerie weniger schön sein als die «Zierpflanzen», so genannt mit einem, soweit es eine ausschließliche Bezeichnung sein will, lügnerischen Wort? Die Kartoffelblüte ist eine fürstliche Blume; sie prangt auf den Gewändern im Stil Ludwigs XVI.: gibt es einen lieblicheren Schmuck?

XVI ÉTUDE

Geben wir uns also ganz der Bewunderung hin und suchen wir die Schönheit nicht in der Ferne. Im Rahmen unserer Fenster gibt es, unsere Begeisterung zu nähren, Schönheit genug ... Blicket doch durch eure Fenster. Betrachtet euere Eltern, euere Freunde. Bewundert die rührende Schönheit dieser teuren Gestalten, in der sich still aufopferungsvolle Seelen widerspiegeln. Betrachtet eure Freunde, wie Rembrandt es tat: nichts als lebende Meisterwerke waren rund um diesen großen Mann. Weil er die Tugend der Arbeit besaß. Welch wunderbares Werkzeug des Verständnisses! Es liegt nur an euch, es anwenden zu lernen.

Der Mensch ist unglücklich, weil er dem Gesetze der Arbeit zu entrinnen trachtet, weil er wie die Gassenbuben oder die Streber spielen will, wer der Erste, der Anführer sein soll. So mißbraucht er seinen eigenen Geist, der Freuden der Eitelkeit nicht beansprucht, dessen natürliches Ziel vielmehr die Wahrheit ist. Seine natürliche Tätigkeit ist das Streben, an die Wahrheit dieser dunklen Welt zu rühren, ihr Wesen zu ergründen. Und das strahlende Ergebnis dieser Mühe, das eben ist das Glück. Das Glück begleitet den Geist beim Forschen wie das Pferd beim Rennen. Man muß aber immer trachten, den Dingen auf den Grund zu gehen: wenn ich sage, daß der menschliche Körper so vielfache Schönheit und Erhabenheit hat, so nehme ich als evidente Wahrheit an, daß die in dieses Meisterwerk eingeschlossene Seele die Krönung dieses Meisterwerks, die Meisterin selbst ist. Entdecken wir also die Seele im Körper.

Ich kenne weder Indien noch China ... Aber ich liebe die französische Landschaft. Von ihr will ich reden, mag man auch meine Zärtlichkeit als voreingenommen verdächtigen ...

Wie zart sind sie, unsere französischen Horizonte! Sie sind von einer eintönig süßen Größe, sie gleichen jener Güte, die den Geist schafft und jeden Lebensakt zu einer Freude macht. Das Leben in der Landschaft ist maßvoll; es hat seinen eigenen Rhythmus. Hier ist Rasse, hier das Genie, hier naive Güte, hier weise Langsamkeit, das Schlechte wandelt sich in dieser Atmosphäre zu Gutem. Die Begriffe steigen sozusagen zur Erde herab und kommen von da gesundet zu uns zurück. Der Landmann eilt nicht, er geht den Schritt der Jahrhunderte.

Man muß zu diesem Schritt zurückkehren. Die Ungeduldigen lassen sich nie darauf ein: alles eher, als wieder von neuem anfangen! Arme Menschen! Sie sind der unheilbaren Unwissenheit geweiht, denn Geduld ist die erste Bedingung für jedes fruchtbringende Studium.

Not lehrt uns diese unentbehrliche Geduld! Und deswegen ist sie unsere Wohltäterin. Sie ist die einzige ernste Schule, die uns bleibt. In diesem Momente ist uns diese Schule weit geöffnet. Wir stecken in der Falle unserer Eitelkeit, unseres lächerlichen Ehrgeizes. In dieser guten Schule aber lernen wir den wahren Wert der Dinge kennen und all das, was die Bücher nicht wissen. Unsere eigenen Fehler haben auf diese Art, ohne daß wir es wußten, ihr Gegengewicht zur Wirkung gebracht.

Diese köstliche Lehre von Geduld würden wir überall vernehmen, wenn wir zu horchen verstünden.

In Gestalt des Beispiels würden wir sie von allen Frauen empfangen; doch fügen sie zur Geduld mühelos noch das Heldentum hinzu ... Ach, kann man heute nur die Frau von ehemals loben? Sie wird heute durch die Dekadenz des Mannes in die eigene herabgezogen, wird haltlos und verliert mit erschreckender Schnelligkeit ihre angestammten Tugenden, sie geht irre ...

Jenes packende und reizvolle Schauspiel der Ehe, in dem die Frau die Rolle des Schutzengels innehatte! ... Verzweifeln wir nicht, sie versteht noch zu lieben. Welche Kraft des Aufschwungs ist in ihr, wenn sie liebt! Wie weiß sie das Leben zu gestalten! Und wie unbezwinglich ist sie, wenn sie ihr Heim verteidigt!

Die Kathedrale, dieser ungeheure Tausendfüßler ...

Das Giebelfeld über dem Mittelportal.

Christus und die Jungfrau sind beschädigt worden. Das zerbrochene Basrelief könnte von Michelangelo ausgebessert sein. Es hat an Schönheit gewonnen. Der Zufall, der den armen Leuten so gerne hilft, hat auch dieser Skulptur geholfen. Die Schatten sind zusammengezogen, ihre Effekte, von der Ferne gesehen, dichter geworden.

In diesem Basrelief des Giebelfeldes findet man den Charakter des antiken Sarkophages wieder. Hier gibt es dieselbe Vereinfachung der Wirkungen, der ungeheuern Größe des Gebäudes angemessen.

Die Auserwählten stehen zur Rechten, zur Linken die Verdammten. Die Auserwählten bilden einen einzigen Block, ohne Loch und Teilung; das Basrelief ist kompakt. Auch die Verdammten bilden einen Block, doch läßt die Bewegung der Beine unter den Tuniken etwas wie Lichter durchblicken: das ist der einzige Durchbrucheffekt, den die ganze Komposition darbietet, außer dem großen Effekt der Basis, die sie vom unteren Basrelief trennt. — Tiefer unten werfen schwarze Girlanden ihre Schatten.

Die Details des zweiten Basreliefs kann ich nur schlecht unterscheiden: ein paar Lichteffekte, wiederum schwarze Girlanden, darunter Schatten. Auch diese Arbeit ist schön, ich fühle es.

Das dritte Basrelief jedoch ist größer. Die Heiligen in den gestirnten Bogenwölbungen rufen uns jene ungeheure Wölbung vor Augen, in der die wirklichen Sterne stehen. Was ich davon sehe, hat attische Größe, hier herrscht die Antike, hier ist ihre unsterbliche Weisheit — jene Weisheit, die unsere armen und kranken Geister nicht mehr befriedigt. Wieder einmal ist mir die Wahrheit bewiesen: keine lebensfähige Originalität gibt es als die des Geschmacks und der Ordnung!

Diese dritte Türe ist fast byzantinisch. Welches Wissen! Eine Erinnerung an Asien: die Mumie einer großen Menschlichkeit; die Drapierungen sind wahrhafte Leichentücher. — Frauen stehn hier wie in einem Chor von Äschylos: streng, unbeweglich, mit kaum geneigtem Haupt. Eine einzige hebt ihren Unterarm; alle anderen Linien sind geschlossen. — Die Engel sind assyrisch; ohne Süßigkeit und Güte. Der weite Ärmel des einen läßt die Bewegung eines Raubtieres ahnen. Auch in dem betenden und Weihrauch streuenden Engel sind assyrische Bewegungen. Christus im Faltengewand erstrahlt auf seinem Thron. Das Öffnen und weite Ausbreiten seiner Arme ist Gerichthalten. Der Faltenwurf erinnert traditionsgemäß an die Toga. Ein ansteigender Tanzrhythmus trägt die Engel empor, ungehindert durch ihre steifgefalteten Tuniken und eng aneinandergedrückten Beine.

Man ahnt in diesen Posen Gesetze, abstrakt, unüberschreitbar, erbarmungslos, wie das Credo, diese Säule, dieser Eckstein und Baugrund der Religion. Diese Gesetze sind Staatsraison, sie deklarieren jede Abweichung als ketzerisch.

Fast alle Ornamente sind in byzantinischem Stil. Selbst die Figuren sind diesem Stile unterworfen: die Menschengestalt dehnt sich zu Säulenlänge. Man könnte hierin einen Anschein von Barbarei sehen: das wäre jedoch verfehlt, denn die Synthese ist immer gut. Das ist das Wesentliche. Eine erhabene Geometrie leitet die Anordnung der Figuren sowie der Ornamente.

In den Laubwerkreliefs kämpft und mißt sich der Mensch mit Vögeln und Löwen. Rings um sie ist nichts als Licht und Schatten. Nur das Göttliche steht über Menschen, Pflanzen und Tieren. Man hat sich anfangs mit den gegen die Mauer vorspringenden Girlanden begnügt, mit Zierwerk längs der Türen und Fenster. Das Stoffliche ist erst später hinzugekommen. Mit der Zeit hat es sich bis zu Gott erhoben. Dann ist der Mensch an die Stelle Gottes getreten und so kann alles von vorn anfangen.

Unlängst habe ich eine Renaissancekirche gesehen, deren viereckiger Strebepfeiler, runder Turm nebst Mauer den Eindruck von Karniesen machten: das beweist, daß die größte Form dieselbe Wirkung haben kann wie die kleinste.

Mächtige Lichter, große Linien am Horizont. Der dahineilende Eisenbahnzug jongliert gleichsam die Dampfwolken.

Mein Blick wendet sich wieder der Straße zu. Wie liebe ich alle Dinge, alle Äußerungen des Lebens, denen ich hier begegne! Ein kleines Haus am Wegrand: die reizende Behausung kleiner Leute... Doch hier ein Auto: es hat von weitem einen Mann die Straße überschreiten sehen, nun eilt es wie eine Furie auf ihn los! Durch alles, was vor ihm auftaucht, läßt es sich in Aufruhr bringen.

Ich setze meinen Weg fort. Man kann ihn an diesem oder jenem Ende beginnen, es ist immer dasselbe, immer das Schöne in Übereinstimmung mit der Natur. Es gibt keinen Anfang: schon von Beginn des Weges an ist das Licht entzündet.

Nevers

Diese Kathedrale, ein Gerüst des Himmels.

Sie nimmt den ersten Anlauf, sie steigt empor, verweilt dann zum erstenmal, ruht dann noch einmal auf der ersten Steinschicht, dann aber nimmt der Bau den Weg zum Himmel auf, um erst an den Grenzen der Menschenkraft innezuhalten.

Nur aus dem Freilicht der Fassaden, dem Dunkel des Kirchenschiffs, der Tönung des klaren Morgens hole ich meine nützlichen, freudigen Gedanken.

Heute, heute halte ich mein Leben fest.

Diese schönen Massen von Schatten, Licht und Helldunkel, welche Energien! Die Gotik wird dies alles zur Form gestalten. Und ich fühlte gotische Säfte durch meine Adern fließen, wie Erdensäfte durch Pflanzen. Es ist das Blut unserer Väter, die so große Künstler waren! Wie wenige Geister sind heute in ihre Geometrie eingeweiht, in der doch alle menschliche Weisheit und Erkenntnis liegt! Aber nach der Wirrnis, die wir durchleben, werden neue Generationen kommen: sie werden diesen Steinen, die geheiligt sind, denn sie sind durchdrungen vom unsterblichen Gedanken, die Verehrung darbringen, die ihnen gebührt.

Welch tiefen Eindruck gibt mir der erste Anblick dieser majestätischen Säulenordnung! Das grenzt an Vollkommenheit.

Diese Gedrängtheit, welche die sittliche Schönheit der Architektur bedeutet, bietet sich hier in ihrem ganzen Reichtum dar.

Lichtstrahlen, die das Innere des Gebäudes durchqueren, beleben seine Einsamkeit.

Welcher Irrtum, zu glauben, daß der gotische Stil auf dem Spitzbogen gegründet ist! Die Kirche Saint-Etienne in Nevers hat schlechterdings nur Rundbogen: also romanisch? Nicht doch! Alle wichtigsten Merkmale der Gotik sind hier enthalten, und ein Detail genügt eben nicht, die Gesamtheit zu kennzeichnen.

XVII HOUDAN

Hier diese romanische Dekoration aus großen, tiefen, übereinandergestellten Nischen ist eine Erinnerung an das Columbarium.

Der äußere Strebepfeiler, einer Bogenbrücke ähnlich, befestigt die Mauern. Oben diese kurzen, kräftigen, dichten Säulchen mit dicken Köpfen; ihre vom Willen beseelten Bogenstellungen ähneln Karyatiden.

Dieses Schiff ist von abgetöntem Licht überschwemmt, jenem Licht, das Raffael liebte. Auch Helligkeiten im Stil Clouets gibt es da.
Die Griechen haben vor uns und vor allen diesen Zauber des Lichtes verstanden. Die Gotiker haben ihn aus Eigenem wieder aufgenommen, weil es in der Natur des Menschen liegt, die Sonnenwirkungen anzubeten, sie auszudrücken, indem man sie ihrem natürlichen Sinne gemäß leitet. — Hier ist die Wirkung durch Geschlossenheit erzielt und von diesen Säulchen betont.

Der Geist, der das Parthenon schuf, ist derselbe, der die Kathedralen ins Leben rief. Göttliche Schönheit! Nur ist hier mehr Feinheit: es ist hier, wenn ich so sagen darf, ein leuchtender Nebel, in dem das Licht ungebrochen schläft wie in Bergklüften. Die dieses Schiff am Morgen besuchen, werden mich verstehen.

Jene drei Nischen, dreifacher Anlaß zur Begeisterung!
Überall jedoch atme ich diese Atmosphäre der Feuchtigkeit und Niedrigkeit, die an Gefängnis erinnert. Sie führt meinen Geist zum Urgedanken — Schmerz, Aufopferung, Liebe — zurück, der die Kathedralen entstehen ließ.
Die äußere Apsis der Kirche mit ihren kleinen gedrängten Kapellen und jener höheren, die sie zusammenfaßt, erinnert an das Grabmal Hadrians.

Die anbetungswürdige erstaunte Jungfrau: das Kind sucht die Brust; sie jedoch tändelt zerstreut mit ihm; da sie noch nicht ganz Mutter ist, vergißt sie, daß sie es nähren muß.

Die dunkle Tönung des Allerheiligsten in der Tiefe des Chors gibt dem goldenen Glanz der Hängelampen einen lebhafteren Nachdruck. Nur in den Kathedralen ist dieser Zauber der Kryptenbeleuchtung so liebevoll behandelt worden. Dieses Licht der Lampe fällt auf die Fliesen; sie wirft Reflexe, Lichtstrahlen durchdringen waagerecht und schräg die schweren Schatten. Und überall ist sie hier zu Hause, sie, die Königin des Halbdunkels.
Hinter dem Altar verdichtet sich der Schatten in der Apsis, die in Zellen geteilt ist. Hier ist die Scheune, in der das Korn ruht, hier der Keller, aus welchem eines Tages der

Wein Gottes rieseln wird ... Diese düstern Kapellen, diese Gräber werden nur von kleinen Fenstern erhellt, auf denen das Martyrium des Heiligen in leidenschaftlicher Zeichnung auf seraphisch blauem Grund dargestellt ist.

Ludwig XIV. fügte dieser Kirche Chorgitter von prunkvoller Eleganz hinzu, die mit der Gesamtheit des Gebäudes harmonierten. Das war nur möglich, weil der Stil Ludwigs XIV. eine Abwandlung der Gotik war. Es war schön. Nun hat man jene Gitter durch ein neugotisches Gitter ersetzt, eine Karikatur der Gotik. Es ist häßlich. Es hat wohl den Wortlaut der Gotik, aber nicht ihren Geist, und da das Häßliche keinem Stil angehört, ist es in Wahrheit nicht im geringsten gotisch.

Tonnerre

Zum Glück ist dieses Meisterwerk von den Architekten vernachlässigt worden. Es bleibt verfallen, aber unberührt; man hat die Beschädigungen nicht ausgebessert und sie hindern uns nicht im geringsten, die Schönheit der Flächen und Proportionen zu genießen.

Mächtiges Rundwerk stützt spalierartige Zacken. Dieses graue Wetter, diese leichte Trauer der Regentage mit ihren wie über den ganzen Himmel hin verwaschenen Tintenflecken, hüllt die Kirche in zarten Nebel. Und man hört zwar Vögel singen, aber keine Glocken. Wird man nicht bald nach Rom wandern müssen, um die Stimmen der Glocken zu hören? ...

Amiens

Ein herrliches Weib ist diese Kathedrale, eine Jungfrau.

Welche Freude, welche Beruhigung für den Künstler, sie so schön wiederzufinden! Bei jedem Besuche schöner! Welch intime Eintracht zwischen ihr und ihm.

Hier gibt es keine unnütze Verwirrung, keine Überspanntheit, keinen Hochmut. Hier ist das absolute Reich supremer Eleganz.

Und dieses Gebäude wird barbarischen Zeiten zugerechnet!

Diese Jungfrau hat sich in einer Epoche der Aufrichtigkeit hier aufgestellt, um im Menschenherzen die Liebe zur Schönheit zu entzünden und zu bewahren. Unter ihrem Mantel brachte sie den Bildhauern unzählige Modelle. Nein, was ich hier sehe, sind nicht oder sind nicht allein Heilige und Märtyrer: es sind auch Modelle für uns. Jene Künstler haben es vorausgeahnt, daß im Laufe der Zeit die Kunst es nötig haben würde, zur Wahrheit zurückgeführt zu werden . . .

Ich habe nicht die Absicht, all diese Modelle aufzuzählen. Einige von ihnen haben mich ganz besonders angezogen.

— Dieser Engel, der das Haupt hebt, uns den Himmel zu weisen.

— Diese beiden betenden Gestalten.

— Dieser Bischof, farbig mit Patinaflecken; sein wunderbarer Kopf! . . . Da gibt es einen kleinen Hund, sicherlich ist es der Hund des Künstlers . . .

Hier, ganz nahe betet ein Mann wortlos, innerlich; die Geste des Betens bewirkt schöne Falten auf seinem Gewand, das nach unten hin dunkler wird. — Der Bischof, der auf seiner Gruft liegt, scheint noch zu sprechen; eine süße Mahnung ist auf seinen Lippen. — Zwei Meisterwerke; dieses Basrelief ist eines der schönsten Dinge, die es gibt; es hat die Weisheit eines Parthenon.

— Eine Jungfrau setzt ihren Fuß auf ein glitschiges klebriges Chamäleon mit menschlichem Gesicht: herrlich.

— Ein Heiliger besucht einen Anachoreten: schön wie eine griechische Stele der großen Epoche.

— Den drei Königen erscheint der Engel. Auf der weiten Fläche wirken diese Figuren mit höchster natürlicher Majestät.

— Eine Jungfrau, die an eine Ceres erinnert...

— Jesus spricht und die Zuhörer sind fein und bedacht wie Odysseus. Sie diskutieren. Der eine hält die Eule (Weisheit) in der Hand, der andere ein Buch (den Text, das Gesetz.)

— Ein Engel nötigt sanft einen Mann, das Haupt zu heben, um den Himmel zu bewundern.

— Zwei betende Gestalten: obwohl sie knien, scheinen sie zu fliegen.

— Der heilige Johannes predigt in einem Wäldchen. Dieselbe dramatische Wahrheit der Geste wie bei Christus, der zum Volke spricht! Schauspieler sollten diese Modelle studieren, sie würden köstliche Lehren empfangen.

— Und jene schöne Jungfrau im steifgefalteten Kleide, ist sie nicht die symbolische Verkleinerung der ganzen Kathedrale? Die vielen Falten sind kleine Säulchen.

— In jener Verkündigung hat die große Gestalt der Jungfrau einen unaussprechlichen Ausdruck von Ergebung.

— Jesus betrachtet die Stadt Jerusalem, er bemitleidet sie, dann wendet er sich drohend ab. Ein prachtvolles Basrelief! Man könnte meinen, es sei die vergrößerte Aversseite einer römischen Medaille. Die Geste des Mitleids und der Verdammung verschmelzen beinahe in einen seltsam komplexen, doch im tiefsten Sinne eindeutigen Ausdruck.

— Die Pharisäer: sie haben breite Stoffbänder auf der Brust, mit Inschriften bedeckt; auf der Brust, doch nicht im Herzen.

Welch ein feierlicher, zärtlicher, pathetischer Dialog wird hier von diesen in Wahrheit und Schönheit zwiefach heiligen Gestalten geführt! Welche gemeinsame Musik vielmehr! Keine einzige mißtönende Note und nicht zwei gleiche Noten. Es ist die einheitlichste und mannigfaltigste aller Symphonien.

Und wie köstlich sind die Details, die diese Basreliefs in Fülle besitzen! Bald ist es die Nachahmung der Natur, wie in jenen so frisch gezeichneten Kleeblättern, bald die Phantasie des Künstlers, die zwar immer von der Natur ausgeht, diese aber nur in der Art und Weise des Schaffens nachahmt.

Jeder weiß es — und habe ich es nicht schon gesagt? — daß die Originalität nicht im Gegenstand liegt, wie es auch scheinen mag. Was hier überall Original ist, ist die durchaus ebenmäßige Verwirklichung eines allgemeinen Weisheitsprinzips.

Die Gitterwerke von Amiens harmonieren vollkommen mit dem gotischen Gebäude. So wie alle schönen Dinge immer miteinander übereinstimmen! Diese Gitter im Stile Ludwigs XIV. sind von einfacher, vornehmer Eleganz. Sie winden sich prächtig zu Füßen der Säulen.

Der von Pedanten als naiv verurteilte Gedanke von einer Analogie zwischen der gotischen Kirche und den Wäldern des Nordens — jenen Wäldern, die niemals weitab von der Kirche lagen und ihr viel Material lieferten, — drängt sich meinem Geiste auf. Daß der Wald den Architekten angeregt hat, davon bin ich, ebenso wie Chateaubriand, vollkommen überzeugt. Der Erbauer hat die Stimme der Natur vernommen, er hat ihre Lehre, ihr Beispiel verstanden und Folgerungen von tiefem, allgemeinem Nutzen zu ziehen gewußt. Der Baum und sein Astwerk sind Material und Modell des Hauses. Eine Vielheit von Bäumen mit ihrer Ordnung, mit verschiedenartigen Gruppierungen, Teilungen und Richtungen, die ihnen die Natur gewiesen hat, das ist die Kirche.

Haben wir, als wir in Wäldern träumten, das lebende Herz der Skulptur entdeckt? Warum sollte der Architekt weniger begünstigt sein als der Bildhauer?

Und der Wald macht auf mich auch heute noch einen ähnlichen Eindruck wie die Kathedrale. Eines führt mich zum andern zurück.

Und beide erwecken meine Jugend wieder...

Vor dieser Kirche erinnere ich mich unwiderstehlich eines bestimmten Waldes, ich sehe ihn vor mir...

Der Wald, in dem meine Jugend träumte, ist düster. Dort gibt es keine Vögel. Fast überall ist die Aussicht verschlossen, von der Baumwand begrenzt. Die feuchte Luft jedoch belebt die Farben. Grüne Lichtstrahlen zur Seite...

Am Tage ist es das Reich des Schweigens, das Reich des Grauens bei Nacht.

Gewaltige, schwermütige Landschaft! Diese Buntheit des Lichts... Dieses Rippenwerk, diese Säulchen... Winkel von Kathedralen, in Einsamkeit vergraben... Schlamm verbirgt die welken Blätter, nur wenige liegen frei, um mit ihm einen lebhaften Kontrast zu bilden. Kleine Sonnenflecken; Baumstämme, in ihren Flächen von gleitenden Lichtstrahlen geschnitten.

Die Sonne ist krank; Herbstsonne von unbeständiger Glut. Ihre Strahlen entrollen sich in Bändern, die an den Bäumen auf dem Waldboden einen Stützpunkt zu suchen scheinen. Die Sonne bestimmt und schattiert den traurigen Reiz dieses sinkenden Nachmittags; ohne sie wäre diese Traurigkeit monoton.

Wenn sich der Horizont öffnet, wird in den Bäumen eine feierliche Dämmerung sichtbar, die keinen Anfang zu haben, niemals enden zu müssen scheint...

Ein kleiner Hund zögert, uns zu folgen; wir flößen ihm Furcht ein. Doch hat er auch Angst vor dem Wegschlamm. — Fühlt sich unsere Eitelkeit geschmeichelt, da dieses kleinere Wesen uns fürchtet? — Ich glaube nicht. Und dennoch statten wir Gott in seinem Verhältnis zu uns mit diesem Gefühl aus.

Grüne Glasfenster in den Tiefen...

Ein gefällter Baum, noch einer... diese guten hingestreckten Riesen, in der Farbe gegerbten Leders...

Der Fußpfad hört auf. Welch eine Mauer von Ziegeln? Nein, keine Mauer, es sind Blätter auf einem Erdhügel.

Rechts und links öffnen sich hohe schaukelnde Kirchenschiffe, mit leuchtenden Fenstern geschmückt...

Meine Erinnerungen steigen empor wie diese Bäume und werden eins mit ihnen...

Dieser strenge Wald ist der alte Wald von Soignes, in dem ich manch träumerisches und arbeitsames, mitunter schmerzliches Jahr meiner Jugend verbracht habe. Er weist mich auf meine Vergangenheit hin. So führt der Wald die Menschheit auf ihre Ursprünge zurück. — Sie findet in ihm die Urgesetze wieder.

Die Kanzel im Stile Ludwigs XVI.; weiß und gold. Und hier ebenfalls weiß und gold eine Kapelle im Stile Ludwigs XVI. Ein sehr vornehmer majestätischer Saal, mit dem Stempel einer Zeit versehen, in der auch die Boudoirs Vornehmheit besaßen.

XVIII HOUDAN

Le Mans

Wenn ich hierherkomme, ist es mir immer wieder, als wäre die Beziehung zwischen diesen erhabenen Gestalten und meinem Bewundern niemals unterbrochen worden. Seit mehr als zwanzig Jahren sind sie meine Freunde. Die großen Künstler, die sie geschaffen haben, sind meine wahren Meister. Die Kraft der Hingebung, mit der ich sie studiere, versetzt mich zuweilen in die Vorstellung, als lebte ich in jenen fernen Tagen, in denen der Gedanke schlicht und Meisterwerke die natürlichen Blüten der Arbeit waren.

Trotz meiner Jahre und diesem zerrütteten Jahrhundert kehre ich zu euch zurück, ihr geduldigen Künstler, Meister, schwer zu fassen, und meine Stellung zu euch ist wie die jener Gestalten, die ihr uns an die Himmelstür angelehnt zeigt: ihre Haltung sagt, daß sie glauben und hoffen; auch ich ersehne und erwarte mit Vertrauen die Stunde des Verständnisses, und alle meine Blicke sind seit langem schon auf euch gerichtet.

Den Teil der Wahrheit, den ihr mir offenbart habt, habe ich, so gut ich konnte, angewendet. Vielleicht habe ich eure Gedanken mißhandelt. Nur was man gut versteht, kann man ausdrücken und wieviele Dinge sind mir in diesen Steinen noch unentdeckt geblieben! Hier liegen alle Prinzipien und alle Gesetze; doch unser Herz und Verstand sind mangelhaft oder auf falschem Wege. Ihr Meister, ihr habt die Wahrheit besessen, doch um sie wiederzufinden, wäre mehr als ein Leben nötig. Wer aber wird meine Bemühungen fortsetzen, wenn meine Zeitgenossen fortfahren, diese Steine zu zerbrechen oder zu verunstalten.

Ich bin einer der letzten Zeugen einer sterbenden Kunst. Die Liebe, die ihre Inspiration war, ist erschöpft. Wunder der Vergangenheit gleiten ins Nichts, keine neuen ersetzen sie und bald umgibt uns die Nacht. Die Franzosen sind die Feinde der Köstlichkeiten, die ihre eigene Rasse verherrlichen, und niemand nimmt sich dieser Schätze an, wenn sie sie aus Haß, aus Unwissenheit, aus Albernheit zerstören, zerschlagen oder unter dem Vorwande der Restaurierung schänden.

(Tadelt mich nicht, dies alles schon einmal gesagt zu haben: ich möchte es unaufhörlich wiederholen, solange das Unheil bestehen bleibt!)

Ach, jene Wunder! Sie werden aus der Asche, zu der wir sie machten, nicht wiedergeboren!

Wie schäme ich mich meiner Zeit! Wie graut mir vor der Zukunft! Und mit Entsetzen frage ich mich, welches die Verantwortung jedes Einzelnen bei diesem Verbrechen ist! Bin ich nicht selbst verflucht mit allen anderen?

So erschauere ich vor dem, was von dieser dem Untergang geweihten Schönheit noch übrig ist. Doch dieser Schauder hat etwas von Entzückung an sich.

Die Sonne erhellt nicht alles gleichzeitig: welch wunderbares Schauspiel! Und wie geheimnisvoll!

Meine Aufmerksamkeit richtet sich auf die Fassaden, die in ihrer Größe so einfach sind. Ich möchte sogleich verstehen wollen und fühle, dies zu erreichen, müßte ich selbst mich gründlich ändern, mehr Energie und Festigkeit erlangen, mich einer strengen Zucht unterwerfen. Das ist sehr schwer!... Ich stürze mich gegen das Wunder, es zu umschlingen, zu durchdringen. Aber es weist diese Heftigkeit zurück. Selbst kraftvoll, gebietet es Ruhe, Zurückhaltung, mit einem Wort: Kraft. — Und ich verstehe die Lehre. Ich gehe; ich werde wiederkommen. Doch nehme ich zumindest eine erhabene Vision mit mir, die nach und nach aufhören wird, mich in Erstaunen zu setzen, die allmähliches Erfassen gestattet.

Es ist nötig, daß die großen Gefühle langsam Wurzel fassen, vernünftig und mit der Zeit wesentliche Teile unseres Gefühlslebens und unseres Denkens werden. Große Bäume brauchen viel Zeit zur Entwicklung. Und diese Architektur und Skulptur ist recht eigentlich den Bäumen zu vergleichen, weil sie ebenso im Freilicht lebt wie Bäume.

Morgen, oder später vielleicht, irgend eines Tages, wird plötzlich inmitten meiner Künstlersorgen die Erinnerung an meine steinerne Freundin, an meine «große Dame von Mans» vor mir auftauchen, Herz und Geist werden zittern und mit einemmale wird jenes Licht mich erleuchten, das hier, allzu nahe, mich blendet und den vollen Genuß nicht gestattet.

Doch welch tiefe köstliche Rührung, wenn ich endlich in einer plötzlichen Erleuchtung das Meisterwerk sehe, verstehe und fühle! Ein einziger großer Blick, beladen von Schönheit, Ordnung und Freude! Unzählige gleichzeitige Eindrücke!

Und diesen einmal erlangten Eindruck behüte ich: Begeisterung für morgen, für immer, das ewige Wunder.

Doch ist's gewaltige Mühe.

O wäre doch meine Anspannung fruchtbar für andere! Daß sie die Erben meiner Bewunderung würden!

Langsam nähere ich mich; ich spüre schon den starken Wind, der immer rings um die Kathedralen weht: der Geist weht... Und nun wandle ich umher, ohne das Detail der Kirche aus den Augen zu verlieren. Stationen eines Liebeswegs. Sie wechselt ihr Profil, doch bleibt sie immer gleich in ihrer Schönheit. Frei und kräftig spielen Licht und Schatten in diesen edel und leicht gerundeten Bogen!

Die Meister waren bescheiden genug, keine Verzierungen irgendwelcher Art an diesem sechzig Meter hoch emporragenden Strebepfeiler anzubringen. Doch nein, ich täusche mich, das geschah aus Weisheit und Genie, denn es mußte so sein. Diese Einfachheit fesselt mich ebenso, ich finde sie ebenso prächtig wie die reichste Fülle von Verzierungen. Nur noch in Beauvais kenne ich Strebepfeiler, die sich mit so viel Genie und Leichtigkeit in die Lüfte schwingen wie diese. Welche Einfachheit! Und immer noch täusche ich mich! Das ist mehr als Genie, das ist Tugend. Heroische Disziplin. Die Meister dieser Werke waren römische Soldaten.

Und wie herrlich sind die Schatten, die diese Strebepfeiler werfen, — in diesem harmonischen Waldüberschwang, den menschliche Geometrie geordnet hat.

Als Krone triumphiert der Glockenturm, aufrecht wie ein Hochwald dicht aneinandergedrängter Buchen.

Römische Soldaten? Nein! Riesen haben dies geschaffen!

Die schöne Vorhalle! Anfangs weicher Schatten, der sich verdichtet, gestaltet. In dieser Skulptur ist nichts Übereiltes: man braucht Zeit, in sie einzudringen. Diese Kunst sucht euch nicht, sie erwartet euch. Entschließt ihr euch, zu kommen, so wird sie euch die ewige Wahrheit lehren. Sie hat es nicht eilig...

Die Heiligen halten sich streng nach der Regel gerade aufrecht; aber Regel ist das Prinzip der Grazie: Diese Heiligen sind graziös. — Maßwerk krönt sie und der Glanz schwingt sich zum Himmel des Gewölbes empor. — Christus mit schreckenerregender Gebärde, Engel, Stier, Löwe und Adler. — Die Köpfe sind verwischt, zerbrochen; dennoch sehe ich sie, weil sie richtig angelegt sind.

Ich sagte, daß in der Architektur und Skulptur die Anlage die Hauptsache sei: ihr Poeten, Musiker, Maler, bedeutet sie nicht alles in allen Künsten?

Diese wunderbaren Figuren haben ihresgleichen nur noch in Chartres und in Athen. Welch vollkommene Einsicht in das Wesen des Basreliefs! Es ist der archaische griechische Aspekt in seiner ganzen Kraft und Einfalt. Eine Wirkung entsteht aus der andern, sie vervollständigen einander durch Ableitungen; nirgends ist das Geheimnis des Lebens besser wiedergegeben worden, ja genauer gesagt, es ist das Leben selbst. Dieses Leben hat sich nicht nur durch Künstlerhände offenbart; nach ihnen und seit ihnen übt es auf ihren Meisterwerken seine Wirkung aus; diese Meisterwerke haben sich im Laufe der Jahrhunderte verwandelt und sie verändern sich ständig unter dem Einfluß der Sonne, ohne jemals unter ihr Niveau sinken zu können. Im Gegenteil! Sie sind heute schöner als je, denn zu der Tugend des Genies hat sich die Tugend der Zeit gesellt. Der vorausblickende Künstler hat seine Gestalten übrigens durch einen architektonischen Vorbau, eine Art Baldachin, geschützt, der die schrägen Sonnenstrahlen von ihnen abhält. Wenn diese Strahlen abnehmen, treten die Figuren nach und nach in den Schatten des Baldachins ein. Doch wenn die Strahlen wieder leuchten, vollzieht sich täglich das Wunder der Transfiguration.

Glorreicher Augenblick! Alles kommt zart heraus, löst sich von den Hintergründen los. Erscheinungen! Und die himmlische Konversation der Helden, der Heiligen beginnt wieder. Nirgends ein reines Schwarz.

Diese Vier, gemeinsam in eine tiefe Weichheit, in dieselbe Licht- und Schattenmischung eingehüllt, bilden eine Einheit.

Soll ich mich stören, nähertreten, mein Schauen unterbrechen, um zu prüfen, «wie das gemacht ist»? —

Wohlan! Es ist sozusagen aus «nichts» gemacht. Das Genie kann niemals an einem Handwerkskniff zur Anschauung gebracht werden.

Nicht in dem Versuch, den Meistern das persönliche Geheimnis ihres Genies abzulauschen, nähert man sich ihnen; sondern indem man nach ihrem Beispiel die Natur erforscht. Die großen Künstler aller Zeiten sind Stimmen, die einmütig die Natur lobsingen. Mögen auch Jahrhunderte sie trennen: Meister bleiben immer Zeitgenossen. Alle großen Epochen der Kunst sind durch ein und denselben Charakter gekennzeichnet, die Balustraden von Blois sind primitiv griechisch.

Diese Gewänder und Faltenwürfe gleichen niederfallenden Blättern.

Die Bogenwölbung ist aus tausend Meisterwerken gebildet. Unter anderen jene Heilige, die den Himmel schaut, und, lebendige Sehnsucht, mit ihren Armen, ja mit ihrem Gewand zu ihm hinstrebt.

Welch schöne Schlagschatten! Sie hindern uns nicht, die Körper zu entziffern, die unter ihrem Einfluß sich zu drehen, zu zittern scheinen.

Jene kraftstrotzenden, von Licht und Schatten hart angefaßten Kapitelle — das Genie des alten Bildhauers, des Sehers aus vergangenen Tagen hat so Zauberhaftes gestaltet. Die Gewohnheit, morgens und abends im Freilicht zu arbeiten, große Geduld, unendliche Liebe, haben dieses Genie allmächtig gemacht.

O edles Volk der Handwerksleute! Ihr wart so groß, daß die Künstler unserer Zeit neben euch gar nicht existieren! Sie können euch nicht einmal verstehen. Und doch ist nicht anzunehmen, daß die Gesetze von Licht und Schatten sich seitdem geändert hätten, die Elemente in euren Tagen gefügiger gewesen wären als heute. Wir sind es, die sich gegen Gesetz und Wahrheit aufgelehnt haben und unsere Blindheit ist die Strafe dafür.

Die Kapitelle der Vorhalle sind romanisch. Es sind Meisterwerke französischer Kunst. Welche Kraft in den Blättern! Sie ranken sich nicht, sie sprießen hervor wie die Pflanzen.

XIX MONTRÉSOR

Und der glühende Ausdruck, die architektonische Gewalt der großen Figuren der Vorhalle, die man beim Eintritt in die Kirche, links, erblickt! Es gibt nichts Schöneres unter den Meisterwerken aller Zeiten. Das Geheimnis dieser modulierten schwarzen Tönungen!

Was verkündet diese Glocke mit feierlicher Stimme? Läutet sie dem Begräbnis eines Königs? Oder den Brautmarsch einer jungen majestätischen Königin? Ein Merkpunkt meines Lebens ist es — diese heftige Erschütterung meiner Seele, während ich die Glocke höre und gleichzeitig die Vorhalle betrachte, die bewunderungswürdige Aufschichtung ihrer zu Architektur gebändigten Steinmassen. Glocken und Skulpturen sprechen eine einzige große Sprache.

Wie können wir leben, ohne diese Herrlichkeiten zu bewundern? Sie erfüllen mich mit Jubel. Mein Denken wird fest, es stützt sich auf einen Schwibbogen...

O Tausend-und-eine-Nacht geistiger Wollust! Diese himmlischen Karyatiden an der Grenze der Einfalt... Ich kann mich von ihnen nicht trennen...

Die Bewunderung menschlichen Genies führt den Geist immer höher. Ich sehe die Kathedralen als Künstler, und in den Kathedralen sehe ich die Natur.

Ist es das Meer, das da unten brandet?

— Nein, es ist die Vesper; ich bin in der Kirche. Ich sehe eine betende Gruppe, Menschen, die wahrhaft denken, an Säulen gelehnt...

Tedeum! fliegende Erzengel mit Schwertern!... Sturmwind, rollende Donnerschläge!...

Soissons, des Abends

In dieser Kathedrale gibt es keine Zeit; hier ist Ewigkeit. Ist sie bei Nacht nicht schöner als am Tage? Sollten die Kathedralen für die Nacht geschaffen sein? Unterjocht sie der sieghafte Tag nicht allzusehr, mit seiner Klarheitsüberschwemmung?

O Schönheit , die ich geahnt habe! Ich bin vollkommen befriedigt. Die Restaurierungen, die im Tageslicht meine Augen beleidigten, sind jetzt verwischt. Welch unbesiegbarer Eindruck von Reinheit! Blume der Katakomben! Jungfräulicher Urwald, von mächtigen, aus einem der Seitenschiffe strömenden Lichtern erhellt ...

Ja, bei Nacht, wenn die ganze Erde in Dunkelheit liegt, da geschieht es im ungewissen Lichtschimmer, daß die Kathedralen «umgehen»; dann finden sie ihren erhabenen Ausdruck wieder, so wie der Himmel in Sternennächten seine eigentliche Größe empfängt.

So begegnete mir heute nachts das Bild des Himmels, das ich im Herzen trage, jenes Himmels, der vielleicht kein Morgen haben wird ... Warum muß diese göttliche Kathedrale geschmäht, dieser steinerne Ecce Homo dem Spotte preisgegeben werden? ... Doch ich, Weltatom, fühle mich, indem ich diese Kirche durchschreite, voll der vergangenen verehrungswürdigen Jahrhunderte, die diese Wunder erzeugt haben; sie sind nicht tot! Sie reden mit Glockenstimmen! Diese drei Angelusschläge, die leise an den Himmel klopfen, kennen nicht Hindernis noch Grenze, weder im Raume noch in der Zeit; sie kommen aus der Tiefe der Vergangenheit und gesellen sich unseren chinesischen Brüdern, den tiefen Schwingungen des Gong ...

Dies stolze Läuten: anfangs ist es, als ob Götter miteinander sprächen; dann ein Geschnatter, wie eine Versammlung von Frauen, die alle gleichzeitig reden; endlich schwindet die Glockenstimme dahin, verhallt, immer noch mächtig, über dieser süßen Provinzstadt, deren Seele die Tochter ehrbarer Einfalt ist, im Gegensatz zu Paris, der Tochter internationaler Hoffart.

Die inmitten des Schattens erleuchteten Arkaden sind Trümmer. Mit ihnen schwebt der Geist durch Raum und Zeit.

Säulen, vom Licht getroffen: wie weißes gefaltetes Linnen, die steifen Falten des priesterlichen Chorhemds. Doch wenn sie heller werden, gleichen sie Soldaten bei der Parade, in strammer Haltung, deren gerade Linie nichts verrücken kann. Und nun verblaßt die Flamme, die Säulen nehmen das Aussehn von Gespenstern an.

Das Äußere:
Auf diesem stillen Platz, in der Regungslosigkeit der Nacht, hat die Kathedrale das Aussehen eines großen Schiffes, das vor Anker liegt.

Der Regen, der seit Jahrhunderten seine Fluten gegen diese Turmspitzen gießt, hat sie noch mehr geglättet, noch vollkommener gestaltet. Wie fern ist die Zeit, da diese Wunder neu waren! Jetzt sind die Gotiker ebenso weit entfernt von uns wie die Griechen.

Alle Könige Frankreichs sind in diesem Schatten, in diesem majestätisch ausladenden Turm ...
Tagesanbruch. Das Licht sammelt sich: es erreicht mit breiten Strahlen die Kirche, bespritzt die Hauptsäulen, die durchbrochenen Säulchen, die hellen Wülste in halben Profilen, während unten die Schatten gleiten ... Kurze Halbstunde des Entzückens.

Reims

...Sie ist da, unbeweglich, stumm; ich sehe sie nicht: finstere Nacht.

Meine Augen gewöhnen sich, ich beginne zu unterscheiden, und das große Skelett des gesamten mittelalterlichen Frankreich taucht vor mir auf.

Und es ist wie die Stimme des Gewissens. Wir können ihr nicht entrinnen. Es ist die Stimme der Vergangenheit.

Die Künstler, die dieses schufen, haben den Abglanz der Gottheit in die Welt geworfen; um uns zu erheben, haben sie ihre Seele an unsere gefügt und nun ist diese Seele mit allem Köstlichen, was sie besitzt, unser, ist unsere Seele.

Und darum entwürdigt man uns, wenn man die Werke dieser alten Meister zugrunde gehen läßt. — Als Zeuge dieses Verbrechens fühlt sich der Künstler selbst von Gewissensbissen gepeinigt.

Doch das, was noch unberührt ist, bewahrt das Leben des ganzen Werkes und bewahrt uns unsere Seele. In diesen Trümmern haben wir unsere letzte Zufluchtsstätte. — So hat der Parthenon Griechenland besser verteidigt, als es seine klügsten Politiker imstande waren. Er bleibt immer noch die lebende Seele eines verschwundenen Volkes und der geringste seiner Trümmer ist der ganze Parthenon.

Im Dreiviertelprofil gleicht die Kathedrale von Reims einer großen, im Gebet knieenden Frauengestalt. Dies ist der Sinn, den die Gestalt der Kathedrale gibt.

Von demselben Punkte aus sehe ich, daß die Kathedrale wie Flammen emporsteigt...

Und der Reichtum der Profile läßt das Schauspiel unaufhörlich wechseln.

Beim Studium der Kathedrale genießt man alle Freuden und Überraschungen einer schönen Reise. Sie sind unzählbar.

So gedenke ich nicht, alle Schönheiten der Reimser Kathedrale zu beschreiben. Wer wollte sich auch rühmen, alle gesehen zu haben? — Nur einige Anmerkungen...

Mein Ziel ist (vergessen wir es nicht), euch zu überreden, selbst jenen glorreichen Weg zu nehmen: Reims, Laon, Soissons, Beauvais...

XX LIMAY

Durch mein offenes Fenster kommt die große Stimme der Glocken. Ich lausche aufmerksam dieser Musik, die eintönig ist wie ihr Freund, der Wind, der sie zu mir trägt. Es ist mir, als hörte ich Echorufe der Vergangenheit, meiner Jugend und zugleich die Antwort auf alle Fragen, die ich mir unaufhörlich stelle und die ich mein Leben lang zu lösen versucht habe.

Die Stimme der Glocken folgt der Wolkenbewegung und zeichnet sie ab. Abwechselnd stirbt sie und ertönt wieder, wird schwächer, lebt wieder auf und in ihrem ungeheuren Klang verlieren sich die Straßengeräusche, das Knarren der Fuhrwerke, die Morgenrufe. Die große mütterliche Stimme beherrscht die Stadt und wird zur schwingenden Seele ihres Lebens. Ich lausche nicht mehr, doch höre ich noch immer und, mich plötzlich besinnend, biete ich mein Ohr aufs neue; doch nun reden die Glocken dort hinunter zur Menge; man könnte an einen Propheten denken, der unter freiem Himmel spricht, sich abwechselnd nach rechts und links wendet. Der Wind hat sich gedreht.

Aber nicht Stunden: Jahrhunderte sind es, was die Glocken unserer großen Kathedralen läuten.

Freilich auch Feste läuten sie, Feste der Religion... Welches feiern wir denn heute? Diese einfache Frage öffnet eine tiefe Kluft zwischen der Kathedrale und dem Frager! Kann man sich einen Menschen des XIII. Jahrhunderts vorstellen, der fragt: Welches Fest verkünden heute die Glocken? — Haltet ein, ihre luftigen Rufe, fallet nicht bis zu uns herab, schweingt euch in Himmelsbläue davon...

— «Was für ein Schmutzhaufen!» höre ich plötzlich rufen.

Es ist ein kleiner Knabe, der mit seiner Mutter dicht an der Kathedrale vorbeigeht und auf alte, aufgehäufte Steinblöcke deutet, Trümmer alten Gesteins, die die Bauleute hier auf dem Bauplatz zurückgelassen haben, es sind Meisterwerke.

Die junge Frau ist zart und frisch und gleicht den Statuen, welche die Kathedrale zieren. Sie hat das Kind nicht zurechtgewiesen...

Von meinem Platz aus sehe ich die Chorhaube der Apsis. Ich sehe sie nur durch einen Vorhang alter, vom Winter entblätterter Bäume hindurch. Harmonisch vermischen sich Schwibbogen und Bäume. Sie sind gewohnt, miteinander zu leben. Wird aber der Frühling die Steine ebenso neu beseelen wie die Bäume?

Die Üppigkeit der Bogen in drei Abstufungen erinnert an Pompeji, an jene Gemälde, in denen sich gleichfalls Zweige und Bogen vermischen.

Ich bin hier vielleicht mehr als anderswo von den Restaurierungen entsetzt. Sie stammen aus dem XIX. Jahrhundert und die fünfzig Jahre ihres Bestehens haben ihnen eine Patina gegeben, aber sie täuscht uns nicht. Diese Stümpereien eines halben Jahrhunderts wollen wohl unter Meisterwerke gezählt werden!

Alle Restaurierungen sind Kopien; schon deswegen sind sie von vornherein zu verdammen. Denn — ich muß es wiederholen, — nur die Natur darf man mit leidenschaftlicher Genauigkeit kopieren; Kunstwerke zu kopieren, das geht gegen das Kernprinzip der Kunst.

Und Restaurierungen — auch auf diesem Punkte muß ich noch einmal bestehen, — sind immer hart und weich gleichzeitig; man wird sie an diesem Merkmal erkennen. Weil das Wissen eben nicht genügt, Schönheit hervorzubringen, weil Gewissen dazu nötig ist.

Andererseits schaffen die Restaurierungen Verwirrung, weil sie Anarchie in die Wirkungen bringen. Die wahren Wirkungen entziehen sich dem handwerksmäßigen Verfahren; um sie zu erlangen, bedarf es großer Erfahrung, eines weiten Zurückgreifens und des Wissens der Jahrhunderte . . .

Betrachten wir zum Beispiel den rechten Giebel an der Vorderfront der Reimser Kathedrale. Er ist nicht ausgebessert worden. Aus der mächtigen Steinmasse treten Trümmer von Körpern, Faltenwürfen, massiven Meisterwerken hervor. Der einfache Mensch erlebt hier, selbst wenn er nicht viel versteht, wenn er nur empfänglich ist, den Schauer des Enthusiasmus. Diese Stücke, stellenweise zerbrochen wie jene im Britischen Museum, sind ebenso anbetungswürdig wie jene. — Doch sehen wir uns nun den anderen Giebel an, den man restauriert, erneuert hat: er ist verunstaltet. Die Flächen sind verschwunden. Er ist schwerfällig, von der Oberfläche her gemacht, ohne Profile, ohne Balance der Massen. Ein enormes Gewicht ohne Gegengewicht für diese nach vorn ausladende Kirche. — O dieser Christus am Kreuz, eine Restaurierung des XIX. Jahrhunderts! — Der Bilderstürmer, der den rechten Giebel zu vernichten glaubte, hat ihm nicht viel geschadet; aber der Ignorant, der restauriert! . . . — Und seht noch jene Kletterpflanzen, die nicht mehr klettern können: plumpe Restaurierung. Das ist verlorenes Gleichgewicht.

Als ob es möglich wäre, diese Jahrhunderte lang mißhandelten Gestalten und Verzierungen zu reparieren! Eine solche Idee könnte nur in Geistern entstehen, die der Natur und Kunst und aller Wahrheit fremd sind.

Warum habt ihr nicht von zwei Übeln das kleinere gewählt? Es wäre weniger kostspielig gewesen, die Skulpturen so zu lassen, wie sie waren. Alle guten Bildhauer werden euch sagen, daß sie in ihnen herrliche Vorbilder finden. Denn es ist nicht nötig, sich an den Buchstaben zu klammern: der Geist ist wichtig und er ist in diesen zerbrochenen Figuren deutlich zu erkennen. Verwendet euere Beschäftigungslosen anderswo; sie werden dort ebensogut auf ihre Rechnung kommen; denn sie suchen ja gar nicht Arbeit, sondern einzig und allein den Profit.

Sie haben sich gierig auf Reims gestürzt. Gleich beim Eintritt in die Kirche wurden meine Augen durch die Glasfenster des Schiffes beleidigt; überflüssig zu sagen, daß sie neu sind. Platte Effekte!

Und auch jene erneuerten Kapitelle mit ihren Zweigen und Blättern: die Farbe ist eintönig, platt, null, weil die Arbeiter die Werkzeuge von vorne her rechtwinklig zur

Steinfläche führten. Durch ein solches Verfahren erzielt man nur harte, eindeutige, ja, man kann sagen, gar keine Effekte. Das Geheimnis der Alten, in diesem Punkte zumindest, ist nicht so schwierig, und es wäre ein leichtes, wieder darauf zurückzukommen. Sie handhaben das Werkzeug in schräger Richtung, das einzige Mittel, Raumwirkung zu erlangen, schräge Flächen zu bekommen, die das Relief hervorheben und variieren.

Aber unsern Zeitgenossen liegt nichts an feiner Abstufung. Sie haben keinen Sinn dafür. In ihren aus vier Blattreihen zusammengesetzten Kapitellen ist jede Reihe ebenso stark betont wie die drei anderen! Das schaut dann aus wie irgend ein gewöhnlicher Korb aus Weidenruten.

Wen wird man glauben machen, daß wir im Fortschritt begriffen sind? Es gibt Epochen, in denen der Geschmack regiert und es gibt... unsere Zeit.

Allgemeiner Geschmack und schöne Volkstümlichkeit des reinen Instinkts sind, fürchte ich, nur Attribute einer jungen Rasse. Mit der Zeit stumpft die Empfindlichkeit ab, der Geist entweicht. Kann man anders als mit Geistesschwund den Fall jener sogenannten Künstler — Architekten, Bildhauer, Glasmaler — erklären, die, Kathedralen voll von Wunderwerken vor Augen, solche Restaurierungen anfertigen? Ihre Glasfenster sind Linoleum: Fenstertapeten ohne Tiefe.

Die schönen Dinge ringsum haben den guten Werkmeistern vor sechshundert Jahren viel weniger Mühe gemacht. Zum Beispiel jener Blumenstrauß von echt französischer Eigenart!

O, im Namen unserer Vorfahren und im Interesse unserer Kinder flehe ich euch an, zerstört und restauriert nicht mehr! — Vorübergehende, die ihr, jetzt noch gleichgültig, eines Tages vielleicht verstehen und euch begeistern werdet, beraubt euch nicht im voraus und für immer der Glücksquelle, des Entwicklungskeims, der in diesen Meisterwerken euer wartet; beraubt nicht eure Kinder! Bedenkt es, daß Künstlergenerationen, Jahrhunderte der Liebe und des Denkens sich hier ergießen und ausdrücken, daß diese Steine die ganze Seele unserer Nation bedeuten und daß euch von dieser Seele nichts übrig bleibt, wenn ihr diese Steine vernichtet, daß sie tot sein wird, von euch getötet, und daß ihr mit demselben Schlag das Vermögen des Vaterlandes vergeudet haben werdet — denn hier, hier liegen unsere wahren Edelsteine!

Man wir mich nicht anhören, ich weiß es nur zu gut. Man wird fortfahren, zu zerstören und zu reparieren. Wird denn nichts das abscheuliche Zwiegespräch unterbrechen, in dem Heuchelei der Gewalttätigkeit Antwort gibt und diese das Meisterwerk, das jene verstümmelt hat, vollends zerstört, dabei beständig beteuernd, daß sie es durch eine Kopie, eine genaue Wiederholung ersetzen wird? Man ersetzt nichts, hört ihr, man repariert nichts! Die Modernen sind ebensowenig fähig, das geringste gotische Wunder nachzuahmen, wie sie die Natur nachahmen können. Wird die kranke Vergangenheit noch einige Jahre lang von unserer mörderischen Gegenwart so mißhandelt, so wird unser Schmerz vollkommen, unteilbar sein.

123

Sieht man denn an unsern Schöpfungen und Restaurierungen noch immer nicht, woran wir sind? Die alten Stile, wir haben sie einst begriffen, neulich noch, und sie leben in unseren Tuilerien, im Louvre. Zwar sind wir noch heute darauf versessen sie nachzuahmen, aber wie!...

Die Glockentürme von Laon und Reims sind Geschwister.

Welch unablässiges Erinnern und welche Vielgestaltigkeit unter den Kathedralen! Wie mannigfach ist die Kathedrale und wie einheitlich! — Mannigfaltigkeit in der Einheit, man soll nicht müde werden, diese Worte zu wiederholen. An dem Tag, an dem sie vollkommen vergessen sind, wird die französische Welt zerfallen sein.

Analogie bindet die Dinge und gibt ihnen ihren Rang. Dieser Turm von Reims ist ein Psalm — er könnte zerbrochen oder verlängert werden, was läge daran. Seine Modellierung ist seine Schönheit.

Das Portal:
Diese Bischofsgestalten, wahrhaft fähig, Blitze zu schleudern; die demütigen Diener, die das Buch der Bücher halten; die große majestätische Frauengestalt: das Gesetz.

Im Nordportal der wunderbare Saint-Denis: er trägt seinen Kopf in der Hand und an die Stelle des Kopfes halten zwei Engel eine Krone hin. — Ist's ein Symbol? Ja: die abgeschnittenen, in ihrem Aufschwung unterbrochenen Ideen werden sich einmal ergänzen und werden regieren, an einem Tage, der kein Ende hat...

Die Jungfrau des Türpfeilers, mit dem verklärten Gesicht, ist die echte französische Frau, die Frau der Provinz, die schöne Pflanze unseres Gartens.

Eine vollendete Skulptur mit weisen Gegensätzen. Die großen Falten des Prunkmantels setzen die Brust und den köstlichen Kopf ins Licht.

Der Pfeiler ist mit kleinen vorspringenden Figuren geschmückt. Wenn die Details nicht griechisch sind, die Anlage ist es gewiß; sie hält und trägt die ganze Schönheit dieser Schöpfung.

Die Wandteppiche von Reims

Diese wunderbaren Zeichnungen, diese wie auf Fresken gedämpften Farben, die rührende Geschichte der Jungfrau — das alles macht die Seele aufblühen. Und ist nicht gerade dies die Wirkung, die der Künstler hat zum Ausdruck bringen wollen? Hintergrund und Zwischenräume sind mit Blümchen ausgefüllt, die sich auf dem Wandteppich an nichts anklammern — wohl aber an unsere Seele.

XXI LOCHES

Diese Wandteppiche sind Werke einer höchsten Kunst.

Und es ist unsere eigene Kunst! Die Ägypter, die Griechen — ich glaube wenigstens — haben so etwas nicht besessen. Es ist aus tausendfarbigen Staubkörnern gewebt, aus Staub unserer Vergangenheit! Fresken der primitiven japanischen Holzschnitte und chinesischen Vasen: alles ist hier vorausgeahnt.

Welche Pracht! Und welche Besonnenheit in aller Pracht! Silbergrau, durch Blau und Rot gehoben, passen die Wandteppiche dennoch zum Gestein, sie haben die Farbe des Weihrauchs.

Es ist nicht nötig, den Stoff der Komposition zu verstehen, um sich über ihre Schönheit klar zu sein. Hier regiert das Maß; hier ist sein Reich, sein Thron. — Doch auch die Gegenstände selbst tragen ein Schönheitselement bei, das der Sticker auf wunderbare Weise auszunützen versteht.

Hier die Darstellung Jesu im Tempel: die wundervolle Gewandung der Jungfrau! Hier die Anbetung der drei Weisen: welch majestätisch ausdrucksvolle Haltung in diesen königlichen Gestalten! Hier die Flucht nach Ägypten, die Jungfrau auf dem Esel sitzend, von Engeln begleitet, die ebenso lieblich sind wie die Engel eines Botticelli. Dort werden die unschuldigen Kindlein niedergemetzelt. Und diese gesamten Kompositionen teilen und verteilen sich nach den Prinzipien pompejanischer Architektur. Man hat das Gefühl, in einem Stundenbuch von unvergleichlicher Pracht zu blättern. Vollendete Porträts in ganzer Figur ergänzen diese «Stanzen» eines zweiten Vatikan. Ich sehe das Bild des Propheten wieder, der zur Menge spricht: er verkündet, predigt das Evangelium.

Liebliches Grau bringt alle diese Wandteppiche in schöne Übereinstimmung. Ihrem langen Aufenthalt in dieser Kathedrale, in der sie leuchten, verdanken sie die Färbung der Jahrhunderte. Diese Faser hat das Alter des Gesteins. Die hier Stein auf Stein gehäuft und die Stich an Stich gefügt haben, sind Mitarbeiter an demselben Werk. Gewebe und Gestein finden sich, verbinden sich miteinander und, eines in das andere verliebt, setzten sie einander fort.

Hellbraun, von belebtem Ton; Diamantstaub; eingelegte Kupferplatten von schönem Kirschrot: diese köstlichen Farben haben nebeneinander gelebt, sind in eins verschmolzen und ihre Vereinigung bringt heute ein Irgendwas von unerhörtem Reichtum und Glanz hervor.

Die Kleider gemahnen im Stil ihrer Falten an Holbein.

Auch den Davidsgiebel hat man ausgebessert. Man sieht nichts mehr von ihm. Der alte war von unten her sichtbar, der neue hat diese Wirkung nicht mehr. Man fühlt, daß der stumpfe Geist nicht zur Wirkung gelangen konnte, und solch ein nichtssagender David nimmt nun die Stelle des Originals ein. Die Blicke von unten her erreichen ihn nicht.

Das römische Portal

Der restaurierte Teil des römischen Portals ist zerbröckelt, verloren. Das Hauptstück des Portals bewahrt trotz seiner Schäden seine ganze Jugendlichkeit. Wo die Gesimse nicht mehr vorhanden sind, sind sie durch tief eingekerbte Eierleisten und Furchen ersetzt.

Die Statue auf dem Platz Royal

Die Statue Ludwigs XV. in Reims ist ein edles Beispiel schöner Anordnung. Wundervolle Schatten beim Ansatz der Figuren auf dem Sockel, die Statue selbst von erstaunlicher Gelassenheit, fehlerlos in ihren Flächen. Und neben der Schönheit der Gestalten ist die Verzierung von so glücklichem Schwung! Ignoranten und selbst gewisse Kenner haben, der verschwenderischen Pracht müde, dieses schöne Werk verhöhnt. Das ist das Spießbürgertum Louis-Philipps, das sich anmaßt, den Zeitgenossen Ludwigs XV., Sittenpredigten zu halten ...

Das Portal von St. Remi

Diese Figur, von Jahrhunderten zerfressen: das Köstlichste ihrer Schönheit haben sie nicht berührt; sie haben die großen Massen respektiert. Wie sie dasteht, bleibt diese Figur Freundin der Zeit und aller Zeiten.

Sie ist die Schwester jener schönen griechischen Trümmer, die ich gesehen habe, Gipswerke, deren erste und zweite Marmorschicht abgenützt, verbraucht, zerstört, gleichsam abgenommen schien. Man wird wohl glauben, daß hierdurch die Anlage irgendwie verundeutlicht wurde. Nein, sie bleibt jedem, der zu sehen versteht, sichtbar, denn die Anlage ist die Masse selbst. Die Zeit ist den richtigen Entwürfen gegenüber machtlos. Sie zerstört nur schlechte Figuren. Sobald sie berührt werden, sind sie verloren; die Folgen der ersten Beschädigung decken die Lüge auf. Doch eine Gestalt, die aus den Händen des Künstlers untadelig hervorging, bleibt in allen möglichen Unbilden der Zeit untadelig. Die Werke schlechter Künstler haben keine Dauer, weil sie eigentlich nie existiert haben.

Diese schöne Statue zeigt die ganze besonnene maßvolle Macht des Stils.

Ich komme immer wieder auf das Wort «Disziplin» zurück, um diese besonnene, starke Architektur zu erklären. Sie beruhigt und befriedigt mich. Welch absolute Kenntnis der Proportionen! Nur die großen Linien der Anlage gelten und ihnen ist alles geweiht. Das ist die Weisheit selbst. Hier gelange ich zu einem festen Pol meiner Seele, der mir gehört: denn ich bin Künstler und bin Plebejer und die Kathedrale ward für Künstler und für das Volk geschaffen.

Das Gefühl für den Stil erweckt in mir in einer eigentümlich beherrschenden Weise diese Vorstellung ruhigen Besitzes.

Das Gefühl für den Stil! Wie reicht es tief! Auf dunkler Straße steigt der Gedanke empor oder vielmehr bis zu den Katakomben hinab, bis zur Quelle dieses großen Stromes «französische Architektur».

Es stand sehr lange als allgemeine Ansicht fest, daß eine Kunst des Mittelalters nicht vorhanden sei. Sie war «Barbarei», wiederholen wir es unermüdlich, um die Beschimpfung zu Schanden zu machen, die man drei Jahrhunderte hindurch nicht müde wurde, wiederzukäuen. Selbst heute machen die kühnsten Geister, die sich rühmen, die gotische Kunst zu verstehen, Vorbehalte. — Doch diese Kunst hat das majestätische Antlitz der Schönheit.

Das Wort mächtig hier in seinem vollen Sinne genommen: diese Kunst ist sehr mächtig! Ich denke an Rom, an London; ich denke an Michelangelo. Diese Kunst gibt Frankreich ein ernsthaftes Antlitz. Und es wird nichts als verlorene Zeit gewesen sein, sich mit der Synthese des Verzierlichten und des Schönen zu befassen — mit diesem «Ideal» unserer Zeit.

Die Kathedrale bei Nacht I

Ferne Lichtschimmer verdunkeln, verlöschen vor einzelnen Säulen. Schwach, doch regelmäßig beleuchten sie andere in schräger Richtung.

Aber die Tiefe des Chores und die ganze linke Seite des Schiffs sind in dichte Finsternis getaucht. Die Wirkung ist schauerlich. Undeutliches geht in der erhellten Ferne vor.

Jeder der viereckigen Flecken steht in einer furchterregenden Helligkeit; zwischen den Säulen, die ungeheure Proportionen annehmen, flammen Lichter auf. Und die Unterbrechungen, diese Zusammenstöße zwischen Licht und Schatten, diese vier festen Säulen vor mir, jene sechs erleuchteten weiter vorne in derselben Linie und in schräger Richtung, und die Nacht, in der ich bade und die alles versinken läßt, dies alles läßt mir Raum und Zeit wanken. Hier gibt es keine Süßigkeit. Ich habe das Gefühl, mich in einer ungeheuern Höhle zu befinden, aus der Apollon hervorbrechen wird.

Lange Zeit verharre ich, ohne die grauenvolle Vision erklären zu können. Ich erkenne mein Heiligtum, meine Kathedrale nicht wieder. Das sind die Schrecken antiker Mysterien... Zumindest versetzte ich sie hierher, bliebe mir nicht die Symmetrie der Architektur fühlbar. Die Deckengewölbe sind kaum wahrnehmbar, von Schatten gestützt, von Bogenrippen.

Ich muß mich diesem bedrückenden Eindruck, der sich verstärkt, entziehen. Ein Führer nimmt meine Hand und ich wandle umher in dieser Nacht, die bis zur Wölbung emporsteigt.

Licht über diesen fünf Säulen. Ihre schrägen Flächen erhellen sich. Die Rippen, die Doppelbalken, die Spitzbogen ähneln den gekreuzten Standarten im Invalidendom.

Ich gehe weiter... Ein magischer Wald. Die fünf Säulen dort oben sieht man nicht mehr. Die Lichtstrahlen, welche die Balustraden waagrecht durchqueren, ziehen dort oben höllische Kreise. Tagsüber ist man hier im Himmel und nachts in der Hölle. Wir sind wie Dante in die Hölle hinabgestiegen...

Gewaltige Kontraste. Wie Fackelbeleuchtung. Am Ausgang eines unterirdischen Gewölbes brennt glühendes Feuer, das sich teppichartig ausbreitet. Vor diesem flammenden Grund stehen die Säulen einsam, schwarz, empfindungslos.

Von Zeit zu Zeit sehn wir Wandteppiche mit einem roten Kreuz: hier scheint das Licht zu erlöschen: doch nein, es verharrt in tödlicher Erstarrung.

Der Chor starrt von Schrecken. Doch das Grausen gewinnt Gesetz und Ordnung und diese Ordnung gibt uns Sicherheit. Und dann verbindet uns unsere Tageserinnerung mit dem Tag, hilft uns in diesem Moment, gibt uns die nötige Zuversicht.

Dort ein Lichtschimmer über einem Spitzbogen; die Perspektive ist verdeckt und die über das Gewölbe hin ausgebreitete schwache Helle zeigt uns nichts als tote Konstruktion. Doch dieser Lichtschein, so grausig er ist, verrät dennoch das Meisterwerk.

Die Kathedrale nimmt assyrischen Charakter an. Ägypten ist besiegt, denn diese Kathedrale ist kraftvoller als die Pyramiden, seltsamer als die Grotten, in denen die große Schöpfung der Gesetze zur Welt kam. Das Geheimnis liegt in der Fremdheit des Schauspiels. Man hat hier die Vorstellung eines Waldes, einer Grotte, — doch es ist nichts von all dem: es ist irgend eine absolut neue Sache, die im Augenblick nicht umschrieben werden kann...

Einen Moment lang schwach zurückgewiesen, nimmt das grauenerregende Reich der Nacht mit unwiderstehlicher Gewalt seine Herrschaft wieder auf.

Hier ist Rembrandt, jedoch gespenstisch in Geschmack und Anordnung. Und selbst Rembrandt bringt uns nur ein Echo dieser schauerlichen Welt.

Ich bin in einem Zustand des Schreckens und der Entzückung.

Dante, bist du in diesen Kreis des Grauens eingeteten?

Im Kampf zwischen Licht und Finsternis haben die Kapellen eine andere Gestalt angenommen.

Die eine ist eine düstere Grotte, die nichts als längs der Bogenrippen aufgereihte Muscheltiere zu enthalten scheint. Die furchterregende Dunkelheit will sich gleichwohl sehen, schätzen und gestalten lassen.

Diese andere ist durch den Schlagschatten in zwei geteilt. Eine Hälfte ist verschwunden. Die schwarzen schauerlichen Säulen im Dreiviertelprofil verwirren die ganze architektonische Ordnung.

Mein gefolterter Geist sieht nur noch Grauen; er erblickt erschreckende Pfeilerordnungen in diesem Wald, den der Mensch für seinen Gott geschaffen hat. Ist er minder schön als der wirkliche Wald, bevölkern ihn nicht ebenso viele Gedanken, ebenso viele grimme Larven und Lemuren?

Und ihr, Wasserspeier, seid ihr nicht dem Gehirn der Bildhauer entsprungen, die nach Sonnenuntergang in die Kathedrale zurückkehren, um hier den Rat der Nacht einzuholen und die Erinnerung an irgendeinen schrecklichen Traum wieder aufzusuchen?

Ich finde eine neue Bestätigung der Größe gotischer Seelen.

Man hätte den Eindruck eines Turms von Babel, tauchte nicht plötzlich aus der Nacht, aus dieser augenscheinlichen Verwirrung die Architektur auf, wäre nicht auch noch das Dunkel organisiert... Jetzt ist der Augenblick da, ohne Wort und Stimme.

Schwarze Säulen rund um den Chor: die Steine beten; eine Windhose, die sich zu Gott emporhebt.

O Nacht! Hier bist du gewaltiger als überall. Es ist dieses halbe Licht, das mir so schrecklich erscheint. Matte Lichtstrahlen legen das Gebäude in Trümmer, ihr Zittern erzählt mir von der stolzen Erregung der Titanen, die diese Kathedrale gebaut haben. Haben sie gebetet oder geschaffen?

O Genie der Menschheit, ich flehe dich an! Bleib bei uns, Strahlengott!

Wir sahen, was kein menschliches Auge noch gesehen, was ihm vielleicht zu sehen nicht erlaubt ist... Orpheus und Eurydice fürchteten, nie mehr hinauszugelangen, die Fährleute hatten sie in dieser schrecklichen Finsternis vergessen. Allein schritten wir durch die Nacht. Wir waren in den Höhlen des Tarn, einsam durcheilten wir einen großen Wald. Ein Weltall erlebten wir in dieser von Titanen geschaffenen Nacht.

Die brennende Kerze: ein kleiner Lichtpunkt. Ihn zu erreichen, muß man schwere Schattenmassen durchschreiten. Man streift an tote Lichter, an Einhorne, Ungeheuer, Visionen.

Der «Denker» würde in diese Krypta hineinpassen; der ungeheure Schatten hätte seine Kraft gesteigert.

Der Kirchendiener entzündet eine Kerze, die Dunkelheit zu verscheuchen ... Es gibt hier einen Schatz, den Schatz der nächtlich angehäuften Schatten. Der Diener verbirgt diesen Kirchenschatz ...

Wie wir die Türe erreichen, bewegt sich der ganze gigantische Anblick auf uns zu: der ungeheure Raum scheint für ein Gastmahl von Höllengeistern vorbereitet.

Dann schließt sich die kleine Kirchentür. Die Vision verschwindet. Alles ist nun unserem Gedächtnis anvertraut.

Die Kathedrale bei Nacht II

Von meinem Fenster aus

Bevor ich mich zur Kirche wende, um sie noch einmal bei Nacht zu besuchen, betrachte ich sie von diesem Zimmer aus, das ich in der nächsten Nachbarschaft des ungeheueren Wunderwerkes gewählt habe.

Gedankenschwere Konstruktionen! Anhäufungen von Ideen auf jener Fassade, jenem Basrelief, das mir vom Fenster aus nur teilweise sichtbar ist. Welche Rasse hat dies hervorgebracht? Tausende von Jahren, Jahrhunderte haben hier ihr Abbild. Es ist das Antlitz der unendlichen Menschheit.

In der Kirche

Aus den Tiefen des Schiffes, des ganzen Chors fühlt man sich vom Dunkel, aus dem schreckenerregende Gestalten verworren hervorbrechen, wie zurückgestoßen. Und ich glaube eine zürnende Stimme zu vernehmen, die mich hart anfährt:

— Wer wagt es, meine Einsamkeit zu stören? Bin ich nicht die Heilige Jungfrau der Nacht? Ist die Finsternis nicht mehr mein? Wer wagt es hier einzudringen?

Ich fühle, daß ich die Rechte des Schweigens verletze, daß eine kirchenschänderische Hand mir das Herz dieser geheiligten Stille öffnet. Aber der Künstler versteht, er ist hier kein Profaner.

Man fühlt überall die unwandelbaren Steinschichten. Alles bedeutet festen Halt. Die Pfeiler sind Sicherheiten. Es ist die in stolzen Säulen erstarrte Anbetung, in Säulen, die wie eine Armee dastehen.

XXII LOUDUN

In ihrer ganzen Ausdehnung beruhigend sind die Pfeiler in dem Maße wirklicher, als sie sich dem Boden nähern. Lichteffekte auf den Fliesen. Die kleinen Säulchen erscheinen wie in Falten gelegt.

Andere Säulen sind wie Bäume, welche die Wölbung, den Himmel stützen, die antike Nacht emportragen. Und wieder flößen sie mir die Vorstellung von in Reih und Glied gestellten Soldaten ein. Sie tragen einen Lichtrand. Sie strecken sich wie Bäume. Ihr Typus ist die Buche. Oben sieht man nichts als die Zeichnung ihres Astwerks. Schweigen begleitet ihre Verzierungen bis zum First empor — das Schweigen der Regungslosigkeit: denn hier wird nichts vom Wind bewegt, diese Bäume sind Treibhauspflanzen. — Diese Säulen, diese Bäume entlang steigen schwache Lichtschimmer, die sich im Schatten der Wölbung verlieren. In ihrer Leichtigkeit erscheinen die Rippen wie feine Spinngewebe.

Diese bogenförmig gestellten Pfeiler tragen also nichts als Dunkelheit, schwarzes Gewölk. Unten nur schwach erhellt, enden ihre Schäfte im Unbekannten. Dennoch bringt der Plafond wieder die Realität zu Ehren und die Schatten stützen sie. Ich habe über meinem Kopfe hoch oben einen Abgrund, doch ist dieser Abgrund so richtig durchdacht, daß Täuschung und Wirklichkeit harmonisch miteinander abwechseln, sobald die Lichter sich bewegen.

Dieser Renaissancepfeiler verliert sich nicht ganz in den Abgrund. Er erhebt sich spindelförmig und hüllt sich sorgsam in die dunkle Wolke ein. Man fühlt den heftigen Flügelschlag von Feuervögeln dort oben auf schwarzen Felsen; hier ist Kampf und aus dem Zusammenstoß der Kräfte geht die Regel hervor.

Ich befinde mich im Innern dieser Pyramide.

Ist es möglich, daß im Flackern einer kleinen Kerzenflamme das Ungeheuer erzittert, die Architekturen, eben noch regungslos, sich verschieben! Ein Lichtschimmer, und alles gerät hier in Bewegung.

Ein kurzes Präludium; Glockenspiel; Stimme dieser Minute.

Der Gesang dort oben ist wie eine Nachricht an die Engel: im Zwielicht klingt uralter Stundenschlag auf. Und nun die Glocke, Lärm von Schmiedewerkstätten, Schaukel der Schlagwerke — alles vibriert von ihrem Schwung.

Von meinem Fenster aus

Indem ich wieder vom Fenster aus die Kathedrale betrachte, sehe ich einen Vorhang von Steinen. Die Skulpturen sind die Stickerei des Vorhangs. — Faust würde den Vorzug verdienen, in diesem Zimmer zu leben, an diesem Fenster, im Schatten, an der Türe des Meisterwerks, dessen Glanz diese Straße, diese Stadt, dieses Land erhebt...

Das ungeheure Basrelief ist immer da, auch bei Nacht; ich kann es nicht unterscheiden, aber ich fühle es. Seine Schönheit bleibt bestehen und läßt mich, über das Dunkel triumphierend, sein mächtiges schwarzes Ebenmaß bewundern: das Basrelief erfüllt den Meerbusen meines Fensters, verdeckt mir beinahe den Himmel.

Wie ist es möglich, daß die Kathedrale selbst im Dunkel der Nacht nichts von ihrer Schönheit verliert? Sollte uns demnach die Gewalt der Schönheit auch außerhalb unserer Sinne beherrschen? Sieht das Auge, ohne zu sehen? Ist dieser Zauber der Kraft des Bauwerks, dem Verdienste seiner unsterblichen Gegenwart, seiner ruhigen Pracht zuzuschreiben? Das Wunderbare wirkt jenseits der Grenzen des Einzelorgans, wirkt mit Hilfe des Gedächtnisses. Wenige Kennzeichen genügen und der Geist fühlt die rechtmäßige Autorität des Werkes, öffnet sich seinem erhabenen Einfluß, den er trotz der Verschwommenheit in der Regelmäßigkeit der allgemeinen Form erkennt — wenn er aber trotzdem nicht bis zur Erkenntnis vordringt, erwartet er die Offenbarung.

Nochmals die Kathedrale

Ich durchschreite das entfernteste Altertum. Unten malt ein kleiner Lichtschein eine Krone... und die Säulen sehen aus wie die Säulen der Nacht.

Das Licht des Küsters dringt in die Finsternis wie ein Pflug in Erdschollen. Es gräbt sich ein und das Dunkel wogt nach rechts und links: es entfernt sich und Blöcke von Schatten schließen sich über der Lichtfurche.

Oben Stalaktiten von Schatten, Einsturz drohend! Sie sinken in einen Schattenpfuhl nieder, der aus sich herausschwillt, indem er gegen das Licht ankämpft.

Man hat das Gefühl, als ginge man durch einen Wald, nächtlich unter Winterbäumen. Zwischen den Säulen häuft sich das Licht und zeichnet Kurven, die einander durchkreuzen; und doch bleibt man in Dunkelheit verloren. Ich wiederhole es, die Angst bliebe unüberwindlich, behielte man nicht das Ordnungsgefühl, das Gefühl für die durch das unruhige Licht angedeuteten Perspektiven.

Die Höhe des Bauwerks ist durch lange graue Streifen markiert. In die Tiefe träufeln Lichtschimmer. Und so sehr ich mich bemühe, entdecke ich nichts, ich lehne mich an die gefühllose, erhabene Mauer, an welcher kein Detail sichtbar wird; gleichwohl flößt sie mir das Gefühl des Gestalteten ein. Wenn der Riese erwacht, wird der enthüllende Morgen uns verkünden, welche Schleier, welche dreifachen Schleier uns den Anblick

XXIII MANTES

verdeckt haben, dessen Pracht ich ahne. Jetzt aber verdanke ich meiner Einbildungs-kraft ebensoviel wie meinen Augen. Ich stehe vor einer undurchdringlichen Maske.

Das kleine Licht, das sich schrittweise fortbewegt, ruft den Gedanken an ein Ver-brechen hervor, — so würde die heimliche Laterne die Schritte des Verbrechers beglei-ten ...

Das Menschheitsgenie triumphiert in der Schöpfung von Bogen. Von wo kamen sie ihm? Vielleicht vom Regenbogen!

Das Querschiff

Ich glaube die Treppe von Chambord in unermeßliche Dimensionen entwickelt zu sehen. Spiralen streben in die Höhe. Brücken werden sichtbar, deren Basis in den Schatten des Querschiffes taucht.

Die Glasfenster, jene großen Rosen, Sonnen tagsüber, sind bei Nacht schwärzer als alle andern Teile des Bauwerks.
Die Kapellen sind Zellen eines Bienenkorbs.

Das Dunkel plattet die Pfeiler ab. Hier und dort Striche von minderem Dunkel. Man unterscheidet Formen, in Abstufungen. Verstreutes Licht bedeckt sie regellos, be-sonders wenn ich sie im Dreiviertelprofil betrachte. Es bleibt die bedeutende Fülle von Grau und Schwarz.
Reinheit und Anmut der Formen haben ihren Ursprung darin, daß die prismati-sche Form die Massen stets scharfkantig durchleuchtet.

Das Äußere der Kirche bei Tag

Durch die offenen Türen gesehen haben die Glasfenster über den gegen die Wölbung gestreckten, weißen Säulen die grellen Lichter neupersischer Bilder. Und die Säulen-gruppe unter den Schwibbogen und Wölbungen scheint von den Fenstern des Hinter-grunds zurückgestoßen.

Von meinem Zimmer, das ganz in den Schatten der Kathedrale getaucht ist, und von meinem Bette aus sehe ich das riesige Basrelief; es ist ein Teil der Fassade. Und mein ganzes Zimmer samt meinem Denken versinkt in dieses Werk, das mich an sich lockt. Ich denke an die vielen Menschen, die daran gearbeitet haben.

Nur wenige der heute Lebenden bewahren den Glauben an diese Wüste göttlicher, einstmals angebeteter Steine. Ich wende mich mit der Liebe, die stärker ist als der Tod, an sie und fühle mich als der Zeiger, der auf dem Zifferblatt der erniedrigten Jahrhunderte weiterhin die Stunde des Lebens und des Ruhmes anzeigt.

Welch freundlicher Hauch erfrischt meine Stirn! Es ist Wind, der die Kathedrale berührt hat... Niemand anderer, nur der Wind und ich sind treu geblieben...

Ermüdet trete ich den Heimweg an und habe immerhin hundert Schritte gemacht, bevor ich wieder eintrete; die Sonne dehnt ihre Strahlen ins Unendliche und mit einem Male zeigt sich die Kathedrale! Das Wunder aller Wunder tritt mich an, um mir Herz und Seele und Gehirn mit seinem Glanz zu erfüllen, um mich mit seinem göttlichen Blitz zu schlagen und seinen großen Gewitterstürmen. Ich stehe allein vor dem Koloß... Minuten der Vernichtung und des Lebens ohnegleichen! Erhabene Apothese! Heiliger Schrecken! Ungeahnt enthüllt das Licht Ungeahntes.

Die Dinge erschienen mir erhoben, veredelt. Sie wurden körperlos in dieser Glorie. Das Licht ließ die Vordergründe deutlich hervortreten, unterbrach sich, um Kraft zu gewinnen, die aufsteigenden Linien zu verfolgen, umhüllte die Vorhöfe, ließ sie im Schatten verlöschen: und darüber hinaus stieß die Kathedrale ihr kühnes Gerüst in den Himmel.

Das Äußere der Kirche bei Nacht

Diese ewigen Schattenwächter über der Türe, diese großen Zeugen, diese Ehrengarde in drei Reihen — vier, sechs, zehn Heilige: wie Auferstandene, aufrecht in ihren Gräbern.

Ich fühle rings um diese fremdartigen Gestalten eine Seele zittern, die nicht unsere eigene ist. Schreckliches Rätsel, das sie mir aufgeben! Sie haben die Miene, als legten sie Zeugenschaft ab. Sie leben das Leben der Jahrhunderte. Sind es Erscheinungen? Sie haben eine furchtbare religiöse Innigkeit. Vielleicht erwarten sie irgend ein wichtiges Ereignis; sie beraten untereinander. Sie gehören nicht der Zeit an, in der sie geschaffen worden sind, ihr Aussehen wechselt unaufhörlich, diese Figuren haben für mich einen seltsam neuen fremden Ausdruck: ich denke an Hindostan, Kambodscha...

XXIV MANTES

Laon

Ich habe mich durch einen Besuch im Louvre auf diese schöne Reise vorbereitet.

Noch einmal habe ich bis zur Evidenz festgestellt, wie sehr die Griechen gleichzeitig mit der Form die Farbe gesucht haben. Übrigens ist es sicher, daß die wohlgestaltete Form die Farbe gibt und umgekehrt.

So geht der antike Palmenzweig, den ich zu Seiten dieser Becken und dieser Siegesgöttin sehe, aus demselben Prinzip hervor wie Becken und Göttin.

Die großen Bildhauer haben sich nicht damit begnügt, durch Flächen zu wirken, sie haben von ihrem unfehlbaren Geschmack den Rat empfangen, die Aufmerksamkeit, wo es nötig war, durch einen dunkeln Ton, einen schwarzen Schatten, durch irgendeinen schicklichen Akzent anzuziehn.

Doch welche Mäßigung in dieser Kraft!

In unserer Zeit ist man mit Wirkungen so freigebig geworden, daß keine Wirkung mehr harmonisch das Ganze beherrscht. Es sind nichts als eitle Gewaltsamkeiten. Sie verraten Ohnmacht.

Diese griechische Tugend, Mäßigung, das Zeichen bewußter Kraft, — sie ist verloren gegangen.

Doch war sie auch, und zwar im höchsten Grade, französische Tugend, in den schönen Tagen romanischen Stils, der Gotik, Renaissance und den folgenden bis auf Ludwig XVI.

Tiefe Bewunderung angesichts der Vorhalle. Ich fühle mich von Glorie umgeben.

Die drei Türme von Laon, von weitem gesehen, sind wie Standarten, die den wahren Ruhm der Menschheit tragen.

Schon der Eintritt in die Kirche, welche Vorbereitung! Die ersten Kommunikantinnen in ihren weißen Gewändern und Schleiern schlüpfen in die Vorhalle... Viele Dinge, die gleichzeitig Bewunderung heischen! Die mannigfaltige Schönheit all dieser jungen Mädchen und die göttliche Ordnung der Kirche...

Schon beginnt die Zeremonie. Mein Blick verirrt sich in die kleinen Kapellen, doch wird er durch die rhythmische, anmutig harmonische Bewegung der Meßpriester in reichen Ornaten und durch die weiße Gemeinde der frommen Kleinen abgelenkt.

Französische Seele, ich finde dich wieder! Ebenso wie im Louvre inmitten der Starrheit antiker Formen habe ich hier das Gefühl des richtigen Ebenmaßes in seiner freien lebendigen Expansion.

Diese Frauen, was für geheiligte Wesen! Welche natürliche Dekoration in diesem Wald von Steinen! Wie alles an ihnen, Typus, Haltung und Gewandung, sich dem Stile des Gebäudes anpaßt, mit Anstand eintritt und in dieser Atmosphäre schwebt!

Ja, die Griechen hatten recht zu behaupten, Schönheit sei Tugend, — diese ruhige, allem Gewaltsamen feindliche, bedachtsame, gehaltene Schönheit, die sie geliebt und uns vererbt haben, Schönheit, die ihre Kraft unter dem zarten Schleier der Grazie verbirgt.

Diese Grazie bei ihnen und bei uns — sie ist die geschmeidige, flinke, leichte Geste der Kraft und Energie. Noch heute erscheint alles bei uns, was nicht unheilbar ermüdet, besiegt ist, von dieser Grazie beseelt. — Diese jungen Mädchen und Frauen rings um mich wissen es nicht, daß sie vollkommene Musterbilder von Grazie sind.

O heiliger Zauber der wahren Frau, dich kennt die Großstadt nicht! . . .

Ich komme zu meinen kleinen Kapellen, die ich so liebe, — zu diesen kleinen mannigfaltigen Renaissancekapellen, ringsum im Innern der Kathedrale.

Hier atme ich zarten Geist, das Aroma dieser Blume aus Stein. Ihre vielgestaltige Schönheit hält den Vergleich mit den schönsten griechischen Werken aus. Was für köstliche Kompositionen!

War da vielleicht ein Wettstreit zwischen euch, Gesellen? Und wie hießet ihr? Brunelleschi, Donatello oder Ghiberti? Ihr wart zumindest nicht geringer als diese. Ich finde euch sogar leidenschaftlicher als die großen Italiener, nicht so frostig. Und die liebe ich doch, weiß Gott!

Könnte ich doch meine Freunde — und alle! — herbeirufen, um mit allen das Glück zu teilen, das ich empfinde! Aber niemand verlangt danach. Es ist mir, als ob meinetwegen, wirklich nur meinetwegen diese Meisterwerke klagten, daß man sie durch die Hauptgauner unserer vorgeblichen Zivilisation für immer zerstören läßt.

O Frankreich, göttliches Land, in das Apollon sich geflüchtet hatte, ist es möglich, daß du in solche Barbarei verfallen bist? — Du gefällst dir darin, das Schöne zu zertrümmern oder zu verderben, das menschliche Genie und seine Werke, diese Schätze von Generationen zu diskutieren, in Frage zu stellen, sowohl die Pracht der Natur als die Pracht ihrer Darstellung durch Menschenhand!

Denn die Lüge, schlimmer als der Tod, hat hier in nächster Nähe gearbeitet. Und das Schweigen des Hochaltars hat jetzt seine wahre Bedeutung verloren, da die Glasfenster des Allerheiligsten ausgewechselt worden sind. Diese Säulen sind jetzt nichts als banale Maurerarbeit: sie «tragen» nichts als Wunden. Diese Wunden haben noch ihre Schönheit, sie erzählen eine schmerzliche heroische Geschichte. Aber die neuen Barbaren sehen diese Stigmen nicht; und würden sie ihrer gewahr werden, so würden sie sie nicht verstehen. Sie schreien, schlagen, zerstören — oder sie vertilgen, verraten, vertauschen. Die Menge läßt sie gewähren.

Das Gebet ist hier, unter entweihten Steinen nicht mehr zu Hause.

Wie die menschliche Stimme in tiefen Harmonien durch diese Kirche rollt! Zwei Werkleute in der Ecke sprechen von ihrer Arbeit: es klingt groß, wie Worte von Gewicht.

Der Giebel von Laon, das Basrelief der heiligen Jungfrau. Eine wunderbare plastische Komposition.

Engel suchen die Jungfrau auf. Man hat den Eindruck schneeiger Reinheit. Sie wecken sie. Zwei von ihnen tragen Weihrauchkessel. Das ist sinnlich greifbare Auferstehung.

Das jüngste Gericht.

Zur Rechten und Linken von Christus, der den Schlußstein der Wölbung bildet, sitzen die Apostel.

Welche Weite der Wölbung! Im Höhepunkt der Rundung hebt der heilige Sebastian den Arm.

Die Bogenrundungen sind wie Vogelschwingen. Lange betrachte ich diese Wölbung und fühle nichts mehr von Müdigkeit. Es ist mir, als hätte ich selbst Flügel.

Welches Glück, in meinem kleinen Hotelzimmer mich in nächster Nähe des Wunders, des stummen Riesen, des Schutzherrn der Stadt zu fühlen!

Solche Bauwerke sind die großen Bäume im Walde der Menschheit. Die Jahrhunderte haben sie befestigt... Doch die Axt des Menschen ist schon an ihre Wurzel gelegt wie an die Wurzel jener anderen Bäume schöner Landschaften.

O ich habe das Fieber, zu sehen und nochmals zu sehen. Ich könnte sonst vergessen. O ich muß wieder Erkenntnis schöpfen...

Die Kathedrale von Laon ist schon mehr als zur Hälfte tot.

Immerhin überschreitet das, was man von ihr noch sieht, die Kräfte der Bewunderung.

Welche Entschiedenheit im Mannigfaltigen! Welch außergewöhnlich präziser Sinn für die Wirkung!

Rabelais, Bellay, Ronsard (hier denke ich an die kleinen Renaissancekapellen) habt ihr für diese Kapellen die Pläne geliefert? Oder war der Architekt euer Bruder? — (Ich nenne hier Ronsard und nicht Racine.)

O ihr Wunderwerke, schon jetzt beweine ich euch . . . Und doch seid ihr noch da! Wer weiß? Vielleicht werdet ihr noch einmal lebendig.

Alles wird wieder hergestellt oder kommt wieder, richtet sich im Laufe der Zeiten auf. Die Stunde muß kommen, in der Künstler den großen Versuch unternehmen, dem Geiste das Erbgut, dessen er beraubt wurde, wiederzugeben. Doch ist es nötig, daß irgend jemand die Initiative ergreift, sie auf diese Aufgabe hinzuweisen . . .

Ich bin der Vorläufer. Ja, ich weiß es: ein anderer wird kommen!

O Glück! — doch wer? O daß ich die Riemen seiner Schuhe lösen dürfte! Ist es nicht an der Zeit? Sind doch diese Steine schon nahe daran zu sterben!

Eilen wir, in uns selbst ihre Seele zu retten. Ihr Künstler, ist es nicht unsere Pflicht? Ist es nicht unser eigenes Interesse und das einzige Mittel, uns gegen die Barbarei zu schützen?

O lieben, bewundern wir! Führen wir alle rings um uns zu Liebe und Bewunderung! Wenn das Werk der Riesen, die diese verehrungswürdigen Bauwerke errichtet haben, verschwinden muß, beeilen wir uns, die Lehre der großen Meister zu hören, sie in ihren Werken zu lesen, trachten wir, zu begreifen: damit uns nicht Verzweiflung fasse —, uns oder jene, die wir mehr als uns selber lieben: unsere Kinder, — sobald dieses Werk wirklich nicht mehr da sein wird. Die göttliche Natur wird weiter dauern und weiterhin die große Sprache sprechen, der diese großen Meister gelauscht und die sie hier für uns so herrlich übersetzt haben. Ersparen wir uns den Schmerz und die Schande, allzu spät denken zu müssen, daß wir die Natur verstehen würden, wenn wir die Meister angehört hätten.

XXV MONTFORT-L'AMAURY

Chartres

(Notizen aus verschiedenen Zeiten)

I

. . .Ich werde meine Zeit nicht verlieren.

Der Zug läuft. Lange Straßenbänder, gelbe, grüne, schokoladenbraune Felder, alles rollt an unserem Lauf vorbei, unter dem unbeweglichen Himmel.

Wir fahren nach Chartres.

Ich habe diese Kathedrale schon sehr oft besucht. Doch heute erscheint sie mir ganz neu, schöner, strahlender als je und ich gehe daran, sie zu studieren, als sähe ich sie zum erstenmal.

Chartres hat sich für alle Ewigkeit seine Lobhymne geschaffen.

Chartres, unsere leuchtendste Kathedrale unter allen!

Ist sie nicht Frankreichs Akropolis?

Palast der Stille. Von Menschen erfüllt; rings um seine Portale, in seinen Schiffen kommen und gehen Gruppen, erklimmen die Stiegen und steigen sie hinab, unaufhörlich, und seit Jahrhunderten geht es so. Doch hat diese uralte Bewegung, die nie aufhören wird, nicht im geringsten seine Stille gestört. Denn man schweigt in dunkel empfundenem Glück oder in Bewunderung; die Worte gehen einem aus vor diesem Wunder.

Tag und Nacht schmücken es in gleichem Grade, in verschiedener Art. Der Tag gibt ihm zarte Anmut, die Nacht furchtbare Majestät.

O! wie sind die kultivierten, der Gegenwart überdrüssigen Geister erstaunt, so nahe den Zentren der modernen Unruhe diese stille sublime Totalität der Jahrhunderte zu finden, Schönheitssehnsucht und Schönheitserfüllung. Man kann in Chartres beten wie überall, denn Gott ist überall; doch man kann auch hierher kommen, um in die Betrachtung des Menschen zu versinken, der sich hier in seinem Genie offenbart und der in diesem Aspekt nicht überall zu finden ist . . .

Unsere Ahnen haben hier ihr Meisterwerk vollbracht; damals als das Genie der Rasse zu einer Allmacht emporgestiegen war, wie sie Griechenland in seiner Apotheose besessen hat.

Zarte Schatten der Gewesenen besprengen uns aus Quellen, die aus ihrem Genie und Glauben entsprungen sind: Quellen des Lichts! Dieses unvergleichliche Heldengedicht lieben und verstehen, bedeutet wachsen. Es ist übernatürliches Licht, das uns hier erleuchtet.

II

Die Kathedrale ist von treuen mächtigen Freunden umgeben, die sie in ihrer Gebetstellung stützen wie die Hebräer Mosis Arme stützten, die er gegen Gott streckte. Diese Freunde sind die Strebepfeiler. Riesen von sechzehn Meter Höhe, unten licht und in dem Maße immer dunkler, als sie sich dem Dache nähern. Ihr Dasein und ihre Mitwirkung tragen ganz besonders zu dem Haupteindruck meditierender Kraft bei, den dieses ganze Denkmal gibt.

Und aus den Basen der Strebepfeiler, aus den Steinschichten des berühmten Turmes erheben sich dünne Türmchen, die anschwellen, sich gleichsam innerlich zusammenraffen und ihren Anlauf nehmen, um sich noch höher zu recken; es ist eine ganze Vegetation.

Wie mächtig und stämmig sind die Strebepfeiler des Schiffes, schiffstreppenartig, im Gegensatz zu jenen des Glockenturmes!

Diese Strebepfeiler haben hoch oben eine kleine Nische, in der eine kleine Figur in den Schatten taucht.

Alle Flächen liegen im Halbschatten. Die ganze Kraft ist für das Schwarz zurückgehalten, das ohne Dürftigkeit die großen Figuren umschließt.

Die Linien der Architektur sind dieselben wie die der Skulpturen. Mit genialem Instinkt haben die Künstler dieser Kathedrale gefühlt, daß der menschliche Körper sich architektonisch profiliert, daß er, besser gesagt, ebenso wie Gebirge und Bäume ein Urbild der Architektur ist.

Wie sind die Gesten dieser Gestalten wahr, einfach und groß! Sie heben neugierig und zugleich unterwürfig das Haupt... Ungezwungene menschliche Bewegungen sind immer schön. Doch die Gesten dieser Statuen, so viele Jahrhunderte lang wiederholt, haben irgendwie einen geheiligten Charakter getragener Majestät angenommen.

Indessen... Es ist dreißig Jahre her, daß ich das rechte Seitenportal zum erstenmal gesehen habe. Was für Veränderungen! Ich finde die Geschmeidigkeit nicht wieder, die köstliche Hülle, in welcher diese Skulpturen wie vom Morgennebel verschleiert erschienen, der nur die Hauptakzente durchschimmern ließ. Ich finde die von wahren Künstlern geschaffene Atmosphäre nicht wieder.

Ach! alles ist unter den fortgesetzten, durchwegs sträflichen Restaurierungen verschwunden.

Doch nun befällt mich eine Vision, bei der ich die Augen schließe, um sie für immer festzuhalten: jene Frau, jener Greis inmitten der Skulpturen des linken Portals — welch übermenschliches Wissen um die Anlage!

— Ist es nicht gerade dieses Wissen, diese Kenntnis aller Kenntnisse, diese einzigartige Wissenschaft, dieses Prinzip der statuarischen Architektur, was unserer Epoche ganz besonders fehlt?

In diesem schönen Wetter sehe ich die ernsten Profile in ihrer ganzen Klarheit, diese Profile, die gleichzeitig von Beredsamkeit geschwellt und beinahe auf gerade Linien zurückgeführt sind. Welche Kühnheit! Sie setzt mich immer mehr in Erstaunen. Man hat sich so sehr daran gewöhnt, die Hauptsache zu vernachlässigen, daß es unbegreiflich erscheint, wenn sie einmal ausgedrückt ist.

O Schönheit der Wölbungen! Seit drei Tagen studiere, bewundere ich und erst jetzt in diesem Moment bemerke ich sie. . . . Aber ich bin ein wenig geblendet von so viel Glanz.

Warum habe ich meine Studien nicht hier vor diesen Bogenrundungen betrieben! Es ist wahr, damals hätte ich sie vielleicht nicht verstanden. Ist es nicht das Ergebnis, die Frucht der Bemühungen meines ganzen Lebens, was ich in dieser Stunde pflücke, da meine Bewunderung sich auf so feste Grundlagen stützt! — Könnte doch mein Beispiel bei den wahren Freunden des Schönen Einfluß gewinnen!

Glorreiche Schöpfer des Parthenon, erkennet hier die Werke eurer Brüder und Genossen. In der großen Wissenschaft des skulpturalen Freilichts waren die Gotiker ebenso bewandert wie ihr.

Und ich selbst, — es sei mir dieser persönliche Rückblick gestattet — bin ich nicht ganz und gar in euren und ihren Spuren geschritten? Bin ich euch, griechische, gotische Meister, mit meiner Balzacstatue nicht ein wenig nahe gekommen, die, man möge was immer behaupten, nichtsdestoweniger einen entscheidenden Schritt für die Freilichtskulptur bedeutet? . . .

Das Geheimnis der Gotik! Suchen wir doch die Griechen zu verstehen: wenn wir so weit sein werden, wird es uns ein Leichtes sein, unser zwölftes und dreizehntes Jahrhundert zu verstehen.

Ernste, zärtliche Studien! Mit welchem Entzücken verfolge ich sie! Heute empfange ich den Lohn für die vielen, zäher Arbeit gewidmeten Jahre.

Ich trete ein . . .

Von Glanz geblendet sehe ich anfangs nichts als violettes Licht; mein Auge gewöhnt sich und allmählich unterscheide ich eine ungeheure Arkade, eine Art spitzigen Regenbogens, der über den Pfeilervorsprüngen erscheint.

Langsam verfliegt das Zauberhafte, die Architektur wird deutlich. Und Bewunderung überkommt mich, unwiderstehlich.

III

Was mich in dieser Kirche immer am innigsten bewegt, ist das Gefühl der Weisheit, das sie ausstrahlt.

Chartres ist auf eine tief leidenschaftliche Art weise.

Turm der Arbeit und der Kraft. Palast des Friedens und der Stille.

Die große, fahl beschattete Wölbung ist in ihren Fallpunkten von Säulen gestützt; zwischen ihnen breitet sich hartes grobes Dunkel aus, das bestimmt ist, die Wölbung in ihrer ganzen Schwere und zugleich in ihrer ganzen Weichheit zu bewahren.

Heroischer Frieden waltet hier.

Und die ganze Kirche ist mit einem solchen Gefühl für Harmonie gebildet, daß jedes Detail in allen anderen Details der Komposition eine erstaunliche Resonanz bewirkt. — Die Säulen zum Beispiel sind schön durch ihre Kontrastwirkungen: stämmige Säulen, aufschießende Türmchen; überall womöglich Ruhe, um den Gegensatz der ruhigen Vegetation da oben und der wogenden Menge an den Türen zu begünstigen.

Selbst dieses Wogen bewahrt eine Zurückhaltung, die von der Bestimmung des Gebäudes und seiner Ordnung geboten ist.

So finde ich heute morgens eine Prozession junger Mädchen vor. Es ist mir, als sähe ich die Statuen der Kathedrale atmen und sich bewegen.

Sie sind von der Mauer gestiegen, um im Schiffe niederzuknien.

Welche verwandtschaftliche Ähnlichkeit zwischen ihnen und diesen Kindern! Es ist dasselbe Blut. Die Bildhauer von Chartres haben Züge und Physiognomie ihrer Zeitgenossen lange beobachtet, Haltung und Benehmen dieser schlichten und schönen Geschöpfe, deren ungezwungene, bescheidene Bewegungen so viel natürlichen Stil besitzen! Still schreiten sie in dem Mysterium, das die Riten erfordern, dahin, lassen wenig von ihrer Schönheit blicken, ohne sie jedoch dem Künstler ganz verbergen zu können. Diese Bildhauer haben verstanden, sie zu entdecken, sie haben diese Schönheit studiert, erfaßt, geliebt. Die Natur, die sich, den Jahrhunderten trotzend, seit dem XIII. Jahrhundert bis auf unsere Zeit in ihren wesentlichen Elementen nicht geändert hat, bezeugt uns die Treue dieser großen Beobachter. Sie haben die süße Wirklichkeit des Landes nachge-

XXVI NANTES

ahmt. Sie haben die Anmut wiedererzeugt, die Gott mit vollen Händen über das Antlitz der Frauen ihrer Zeit wie der unsern ausgeschüttet hat. Die steinernen Heiligen, die uns ihre alten Schmerzen und Hoffnungen erzählten, sind Landsleute aus diesem Winkel Frankreichs und von heute.

Was aber noch nicht da war, ach, das ist der Restaurierungswahnsinn! Dieses Werk von Pharisäern stört mein Glück; mitten im Bewundern, auf der Suche nach neuen Gegenständen des Entzückens werden meine Augen plötzlich beleidigt.

Und während diese Pharisäer sich an den Buchstaben halten, der tötet, sagen sie: «Seht doch, wir arbeiten nach den besten Rezepten...» Wahrlich, unfehlbare Rezepte für die Vernichtung. Sie haben einige Glasfenster umgebracht, die zu den kostbarsten Grundlagen des Ruhmes von Chartres gehörten. Sie haben die Pfeiler mitumgebracht, die man nun sogar im schönsten Sommer, am hellichten Tage nicht mehr sieht, weil diese Restauratoren in Natur und Ökonomie des Lichtes eingegriffen haben.

Wie kann man sich der Einsicht verschließen, daß die Gotiker, indem sie Licht und Schatten auf ihre Art gestalteten, auch wußten was sie wollten und wie sie ihren Willen verwirklichen sollten? Daß sie einem absoluten Wissen um Harmonie und gleichzeitig unausweichlichen Notwendigkeiten gehorchten? — Warum will sich der schlechte Zeitgeschmack nicht mit den Scheußlichkeiten begnügen, die er selbst erzeugt? Warum greift er noch außerdem die Vergangenheit an und beraubt uns des Glücks, das uns die Kathedrale für ewig zugedacht hat? Seht, welch köstlichen Empfang uns die wundervollen Geschichten in Chartres bereiten, erzählt von den Skulpturen und Ornamenten des Portals: Szenen, die sich entfalten und winden wie die Capricen eines sehr deutlichen und sehr zarten Traumes. Leider mengen sich gräulich platte Restaurierungen ein; es sind nichts als harte trockene Reparaturen. Denn den Reparateuren fehlt eben der Sinn für das Hochrelief, der das Süße und Wesentlichste, der die Seele dieses Stils ist; er ist vielleicht überhaupt verloren gegangen.

IV

Die großen Renaissancepfeiler in Chartres mit ihren niedlichen symmetrischen Ornamenten, die von oben bis unten so graziöse Arabesken hervortreten lassen, setzen mich immer wieder in Erstaunen.

Flatternde Bänder, Räucherpfannen, Vögel, deren maßlos ausgestreckte Hälse sich neigen, um Blätter und Früchte zu picken; andere, die wie der Vogel Phönix aus Füllhörnern Flammen trinken. Laubwerk fällt schnurgerade nieder, um die Linie zu kennzeichnen, die diese zarte Arabeske mit der ganzen Komposition verbindet. In allen Mittelpunkten der Zeichnung Täfelchen mit Inschriften. An den Seiten Eichhörnchen und der symbolische Vogel, den man seit dem romanischen Stil überall wiederfindet. Auch Laubwerk an den Seiten. Und den Vasen entsteigen Satyre, die mit ihren Armen Frauen und Kinder umschlingen. Und himmlische Sirenen, bis zu den Schenkeln von Blättern umhüllt. Und Engel, die sich damit amüsieren, kleine Satyren auf den Hintern zu patschen. Und jene zwei anderen Satyre, die mit ausgestreckten Armen den Armleuchter tragen. Ferner dieser Satyr, der auf seinem Haupte ein ganzes Tischgerät hält . . .

Die Schöpfer dieser kleinen Wunder sind Schüler des Rabelais oder seine Nachahmer.

V

Kirchenmusik, die Zwillingsschwester dieser Architektur, bringt mein Herz und meinen Geist zur Entfaltung. Nun ist sie verstummt; doch schwingt sie noch lange in mir nach, läßt mich in das tiefe Leben all dieser Schönheit eindringen, die sich unaufhörlich erneuert und verwandelt, je nachdem, von welchem Punkte aus man sie betrachtet: wenn ihr einen oder zwei Meter weiter geht, ist alles verändert; dennoch bleibt die allgemeine Ordnung bestehen, so wie die wechselvolle Einheit eines schönen Tages. — Die gregorianischen Vorgesänge und Responsen haben ebenfalls diesen Charakter der vielgestaltigsten und doch einheitlichen Größe. Sie modulieren die Stille, so wie die gotische Kunst den Schatten moduliert.

Welch furchtbare und zugleich süße Pracht! Noch niemals ist mir das menschliche Genie in solcher Deutlichkeit kenntlich geworden. Ich selber fühle mich von dem Ansturm der Bewunderung erhoben. So würde ein Volk wieder aufblühen, das sich bemühte, zu schauen, zu verstehen. Und rastlos rufe ich meinem Volke zu: es gibt nichts, das schöner anzuschaun und nützlicher zu studieren wäre, als unsere französischen Kathedralen und vor allen besonders diese! Warum seid ihr erblindet, ihr Erben von Sehern, die das Meisterwerk errichtet haben? . . .

Die Musik, eben noch verworren klingend, regelt sich, wird deutlicher. Das Glück so vieler Seelen, die sie von Geschlecht zu Geschlecht bezaubert hat, entströmt dieser Kathedrale, die an und für sich Musik ist, und so klingen liebreizend zwei Harmonien ineinander, jagen einander nach, vereinigen sich. Das Leben springt aus dem Schatten hervor und steigt in leuchtenden melodischen Spiralen gipfelwärts. Engelsstimmen höre ich . . .

Welche Worte könnten das Glück wiedergeben, das mich von allen Seiten einschließt, diese Entzückung, Hingerissenheit einer Seele, die sich mit einemmale inmitten des vielgestaltigen singenden Dunkels beflügelt fühlt?

Habt ihr, Kathedralen, vielleicht jenen Lichtstaub entliehen, jenes Funkeln des

XXVII QUIMPERLÉ

Schattens, das Rembrandt uns bewundern ließ? Er war wohl der einzige, der den Zauber, den unausschöpflichen Reichtum dieser Schattenformungen auszudrücken verstand, indem er ihn in eine andere Kunst transponierte.

VI

Was ist diese archaische Linie?

— Der Engel! Der Engel von Chartres!

Ich gehe rings um ihn herum, studiere ihn und nicht zum erstenmal und wie immer mit großem Nachdruck.

Ich will begreifen!

... Stunden sind verronnen. Unruhig, von meinen Anstrengungen erschöpft, entferne ich mich ...

Doch am Abend komme ich wieder. Ich bewundere wieder, und es ist mir, als könnte ich jetzt, da die Sonne den Engel nicht mehr bescheint, die Gründe meiner Bewunderung besser bestimmen. Ich bin guter Dinge wie ein guter Arbeiter; Verstehen ist meine Aufgabe und auf diesen Punkt sammle ich alle Kräfte. Ich betrachte.

Und immer noch blendet mich das Wunder. Welcher Stolz! Welcher Adel! Der Engel von Chartres ist wie ein Vogel, der auf der Kante irgendeines hohen Vorgebirges sitzt; wie ein lebendiger Stern der Einsamkeit, Licht ergießend über die großen Steinschichten. Welcher Kontrast zwischen diesem Einsiedler und der angesammelten Menge unter dem Portal, wo alles mit steinernen und lebendigen Gestalten angefüllt ist.

Ich trete noch näher, gehe zurück, dann nach links, suche die Schönheit dieses himmlischen Wesens zu fassen ... Momentweise begreife ich sie.

Sein Haupt gleicht einer geflügelten Kugel. Seine Gewänder, über ein Unterkleid gefaltet, sind von wunderbarer Geschmeidigkeit.

Welchen Rahmen gibt ihm die machtvolle Ruhe der Strebepfeiler!

Hoch oben von seiner Einsamkeit aus überblickt er fröhlich die Stadt mit der Gebärde des Verkünders.

Er trägt die Stunde auf seiner Brust und bietet sich vom Profil aus dar, den Körper einziehend, gleitend, wie ein Akanthusblatt.

Wie keusch ist dieser Körper! Das ist nicht die Göttin von Samothrake, die sich unter dem anschmiegenden Schleier der Drapierungen wollüstig nackt zeigt. Hier herrscht Sittsamkeit. Das Gewand begleitet die Formen in einer herben Art, beraubt sie aber durchaus nicht ihrer Grazie; freilich ohne einen ernsthaften Grund wird hier kein Bein, kein Arm vortreten und aus der Linie fallen.

Der Engel ist ein Punkt an dieser ungeheuren Grundmauer, wie ein Stern an dem noch finstern Firmament. Er hat ein frommes Profil, voll von Weisheit. Er trägt die

«Summa» aller Philosophien. Die Stunde kündet sich auf ihm an wie ein Sinnspruch in einem Buche. Mit welcher Andacht trägt und zeigt er uns die Stunde, die verwundet und tötet.

Tiefer Sinn dieser Geste; wohltuende, sorgsame Absicht des Bildners, der sie gewollt, gefunden hat. Das Sonnen-Zifferblatt ist der Regulator: so lenkt uns Gott, indem er ebenso unaufhörlich durch Vermittlung der Sonne in unser Leben eingreift. Darum trägt dieser Engel Gesetz und Maß auf seiner Brust, die beide von den Gestirnen und von Gott stammen. Die tägliche Menschenarbeit wird göttlich, indem sie sich nach den Schwingungen dieses göttlichen Lichtes regelt.

Oder sollte dieser Engel eine Sphinx sein? Fragt er uns nach der Bedeutung der Stunde? Nein! Er beschützt die Stadt. Seine Schönheit gibt meiner Seele — sie schwingt sich auf zu ihm — das Gefühl des Gleichgewichts.

(Viel später)

Welche Erscheinung spiegelt sich in meinem Geist?

Ich komme wieder, nähere mich, erhebe die Augen: dieser Engel ist eine Gestalt aus Kambodscha!

Niemals habe ich einen ähnlichen Eindruck wie diesen empfangen; ich sehe wahrhaftig diese erstaunliche Figur zum erstenmal. Zumindest habe ich sie niemals so gesehn wie heute . . .

Weil es eben verschiedene Methoden gibt, ein schönes Ding zu betrachten. Ebenso wie sich neue Profile zeigen, wenn man von verschiedenen Punkten aus betrachtet, so wird in uns das Meisterwerk umgeformt, je nach der Bewegung, die es in unserem Geist hervorgerufen hat; diese Bewegung, die sich in unserem aktiven Leben nicht isoliert, verknüpft alle unsere Gefühle mit dem weiterwirkenden Eindruck des Meisterwerks, dieser Eindruck lebt unser Leben mit, färbt sich je nach den anderen Eindrücken, die das Dasein uns bringt und durch die wir zwischen zwei von einander weit entfernten Ereignissen geheime, doch richtige Analogien entdecken.

Zwischen zwei Wallfahrten nach Chartres habe ich die Tänzerinnen von Kambodscha gesehen[1]; ich habe sie fleißig studiert, in Paris (in Pré-Catelan), in Marseille (in der Villa des Glycines), das Papier auf den Knien, in der Hand den Stift, hingerissen von ihrer einzigartigen Schönheit und dem großen Ausdruck in ihrem Tanz. Besonders ent-

[1] Das war im Sommer 1906. Ich finde meine Skizzen im Heft der «Illustration» vom 28. Juli mit begleitendem Text von M. George Bois, dem Inspektor des Fachunterrichts in Indochina, Delegierten der bildenden Künste auf der Kolonialausstellung in Marseille, wo ich die Tänzerinnen des Königs Sisowath sah.

zückt es mich und setzt mich in Erstaunen, daß ich in dieser mir bisher unbekannten
Kunst des fernen Ostens die Prinzipien der antiken Kunst wiederfinde. Vor ganz alten
Bruchstücken der Skulptur, so alt, daß man ihr Alter nicht bestimmen könnte, tappt der
Gedanke durch Jahrtausende zurück, bis zu den Anfängen: und plötzlich erscheint at-
mende Natur und es ist, als ob diese alten Steine sich wieder belebten! Alles, was ich je an
antikem Marmor bewundert hatte, haben mir diese Kambodscha-Tänzerinnen gegeben,
vermehrt um die Fremdheit und Geschmeidigkeit des fernen Ostens. Wie zauberhaft ist
die Erkenntnis, daß die Menschheit über Zeit und Raum hinweg sich selbst treu bleibt.
Doch diese Konstanz hat als wesentliche Voraussetzung: das traditionelle religiöse Gefühl. Ich habe immer «religiöse Kunst» und «Kunst überhaupt» für eines gehalten: wenn
die Religion schwindet, so geht auch die Kunst verloren; alle griechischen, römischen,
auch alle französischen Meisterwerke sind religiös. — Wirklich, diese Tänze sind religiös,
weil sie künstlerisch sind; ihr Rhythmus ist ein Ritus, und die Reinheit des Ritus sichert
ihnen die Reinheit des Rhythmus.

Weil König Sisowath und seine Tocher Samphondry, Leiterin des königlichen
Tanzkorps, eifersüchtig die strengste Orthodoxie dieser Tänze bewahren, sind die Tänze
schön geblieben.

Derselbe Gedanke hat also überall, in Athen, in Chartres und in Kambodscha, die
Kunst geschützt, nur im Dogma wechselnd, und selbst diese Variationen mildern sich
dank der Verwandtschaft der Form und menschlicher Gesten in allen Zonen.

So wie ich einige Zeit nach meinem Aufenthalt in Marseille die antike Schönheit in
den Kambodschatänzen erkannt habe, so erkenne ich Kambodschas Schönheit in Chartres, in dieser Haltung des großen Engels, die wirklich von der Gebärde des Tanzes nicht
weit entfernt ist. Die Ähnlichkeit des schönen menschlichen Ausdrucks aller Zeiten
rechtfertig und steigert des Künstlers tiefen Glauben an die Einheit der Natur. In diesem
Punkte einig, waren die verschiedenen Religionen wie Behüter der erhabenen harmonischen Gebärden, durch welche die menschliche Natur ihr Glück, ihre Angst, ihre Sicherheit ausdrückt. In ihren größten Schöpfungen, in denen der Künstler das Wesentlichste
des Menschen zum Ausdruck bringt, mußten daher der ferne Westen und der ferne Osten
einander treffen.

Mit welcher Autorität steigt dieser Verkünder aus der Tiefe alter Zeiten zu uns
empor! Er ist moderner als wir, hat mehr Leben, Frische und Energie.

In der Haltung des Sendlings neigt er sich ein wenig, und diese Bewegung gleicht
jener des Sperbers, der sich aufschwingt. In diesem Detail erkennt man eine Beugung
wieder, die der gotischen Kunst teuer ist, eine Beugung, von der Geste der Ehrfurcht
erzeugt. Der Ausdruck ändert sich in den Tagen der Renaissance, um Sehnsucht und
Wollust auszudrücken. Aus der Askese wird bei Michelangelo Reichtum, Fülle.

Die Gotik läßt ihm die großartige Einfachheit ruhiger Ordnung, diese wunderbare
Trägheit, diese vereinten Reize von Tanz und Architektur. Sittsamkeit verleiht allen Ge-

sten dieser Gestalt, allen Einzelheiten der Komposition einen majestätischen tiefen Sinn. Wahrhaft himmlischer Engel, selbst ein Stern, trägst du das Zifferblatt wie einen Stern. Man sieht dich und fühlt, daß die Stunde Ergebnis des schweigenden Himmelsgangs der Sterne ist.

Schönes Wesen ohne Geschlecht, Sirene. O Engel von himmlischer Grazie, du hast die Linie der Geschmeidigkeit, die schräge Linie des Balancierens, ja des Tanzes, ein Gleichgewicht, das die Augen melancholisch anbeten, das Verflechtung und Unbeständigkeit ahnen läßt.

Dich haben heroische Köpfe erdacht, du bist die letzte Spur eines erhabenen Jahrhunderts.

— Leser, besuchet den Engel von Chartres.
Er ist noch da; wie lange noch?

VII

Diesmal habe ich mich der Kathedrale nur genähert...

Von weitem sieht man das Wesen sich zusammenballen und strecken in seiner entfalteten Einheit.

Dieses Meisterwerk, das über die gleichgültige Stadt hinleuchtet, erneuert die Luft, die es durchzittert, verleiht ihr ewige Wiedergeburt. Alle Stunden des Tages kleiden, schmücken, verherrlichen es.

Welch unerschöpfliche Quelle von Wundern ist das französische Genie! Hier finde ich den gemächlichen Eigensinn unserer Bauernrasse. Gemeinsam mit diesem Genie arbeitet das Klima. Die französische Seele und das französische Klima wirken aus gleichen Prinzipien. Beide umhüllen das große Bauwerk mit einem leichten Schleier. Dieses wirksame Mittel verhindert, daß Details die wesentlichen Linien komplizieren und dadurch stören. Es ist der feine tägliche Nebel, der sich morgens erhebt, abends wiederkommt und manchmal tagsüber verharrt.

Von den beiden Türmen in Chartres ist der eine romanisch, der andere gotisch. Die Strebepfeiler an der Basis des ornamentierten Turmes haben einen einzigen Vorsprung, hingegen sind jene des schlichten Turmes mächtig und kühn. Ornament ist Silber, Ornamentlosigkeit Gold.

...Mein Auge gewahrt Verschlingungen von Bäumen aus Stein, die sich hoch oben vereinigen, wie Astwerk verzauberter Wälder, wie Hände, die ihre Finger verschränken, das Tabernakel zu schützen...

162

Kann Chartres untergehn? Ich will es nicht glauben. Es wartet auf andere Geschlechter, die würdig sind, es zu verstehen.

Chartres wartet, ein Bauwerk starker Herzen und für starke Herzen gebaut, Chartres ruft uns zu, daß sich in gewissen großen Stunden der menschliche Geist wiederbelebt, zu heiterer, ruhiger Ordnung zurückkehrt und dann das für alle Ewigkeit Schöne erschafft.

Das Ornament

Die Dekoration unserer Kirchen ist das Werk von Jahrhunderten, ein langsam und überlegt unter Mitwirkung vieler Strömungen gebildetes Werk. Der Mensch scheint sich hier rätselhaften Einflüssen gefügt zu haben, Gesetzen, die er nicht überschreiten konnte. Wie die Biene den Honig, so hat er mit glückseliger Notwendigkeit diese Werke geschaffen.

Und dennoch anders. Der Mensch variiert ein gegebenes Thema, aber er erschöpft sich. Die süßen Tierchen aber wiederholen sich unermüdlich. Langt der Mensch am Ziel einer seiner Bahnen an, so tritt die Dekadenz ein, die natürliche Nacht; sie war stets ebenso notwendig wie der Tag. Die Menschheit müßte zugrunde gehn, wenn sie ihr Genie immer in demselben Sinn verwendete, wenn sie das in der Variation liegende Ausruhen nicht verstünde, wenn sie die Wechselfolge von Tod und Wiederbelebung nicht hätte; Zeugnis dafür ist die Wissenschaft der Gegenwart. Jedenfalls ist es erwiesen, daß der Mensch durch Erschöpfung zu einem Ruhepunkt gelangt, und diese Phase seiner Geschichte haben wir eben erreicht. —

Ach, die Wiedergeburt beeilt sich nicht! Wie viel Studium ist nötig, den alten Gedanken in seiner Reinheit wiederzufinden! Es bedarf einer Durchwühlung, nicht der Erde, vielmehr des Himmels, dessen, was sich dem Auge darbietet und dennoch bei hellem Tageslicht so tief vergraben ist, als ob man es dem Erdinnersten streitig machen müßte. Man kann sagen, daß das Licht unserer Zeit diese ganze Pracht in ein Leichentuch hüllt.

Schwierig ist nicht etwa: mit naiver Jugendunschuld denken. Schwierig ist: traditionsgemäß denken, mit erworbener Kraft, mit Resultaten, die im Denken aufgespeichert sind, denken. Ja, der menschliche Geist kann nicht viel weiter als bis zu diesem Zustand gelangen: daß der Gedanke des Individuums sich still und geduldig an das Denken vergangener Generationen anreihe.

Aber der moderne Mensch nimmt keine Rücksicht auf dieses Denken von Generationen.

XXVIII SENS

Die Kunst des Mittelalters geht in ihrer Ornamentik wie in ihrer Baukonstruktion aus der Natur hervor. Folglich muß man auch zur Natur seine Zuflucht nehmen, wenn man das Mittelalter verstehen will.

Reims zum Beispiel: in seinen Teppichen finden wir Farbe, Blätter und Blümchen seiner Kapitelle wieder. Ebenso in allen Kathedralen.

Bereiten wir uns die Freude, diese Blumen in der Natur zu studieren, um uns eine richtige Vorstellung jener Hilfsmittel zu machen, die der Künstler der lebensvollen Steine verwenden konnte. Er ist in das Leben der Blumen eingetreten, indem er ihre Formen betrachtete, ihre Freuden und Schmerzen, ihre Tugenden und Schwächen untersuchte: es sind unsere eigenen Schmerzen und Tugenden.

Und die Blumen haben die Kathedrale geschaffen.

Es genügt auf das Land zu gehen und die Augen zu öffnen, um sich hiervon zu überzeugen.

Bei jedem Schritt wird man eine architektonische Lektion empfangen. Die Menschen der Vergangenheit haben vor uns betrachtet, verstanden. Sie haben die Pflanze im Stein gesucht und nun finden wir die unsterblichen Steine in den ewigen Pflanzen wieder. Und (ist es nicht die größte Huldigung, die sie ersehnen konnten?) die Natur, die doch zweifellos nicht im geringsten mit unsern Daten rechnet, erzählt uns unaufhörlich vom XII., XIII., XIV...., vom XVIII. Jahrhundert... Sie ist es, welche die Verteidigung der anonymen Künstler jener großen Epochen gegen alle Kritiker übernimmt.

Diese schönen Studien im Freilicht tun mir wohl. — Mein Zimmer macht mich krank, wie wenn mich allzu kleine Schuhe drückten. — Und dann die Stadt! Die moderne Stadt! — Ich muß wiederholen, in der freien Luft der Wiesen und Wälder habe ich alles gelernt, was ich weiß.

Die Blumenwiesen von Verrières.

In diesem ungeheuren Garten, in herrliche Sonne plötzlich hineingeworfen, fühle ich mich in meinen Augen leben, ein neues, heftigeres, unbekanntes Leben. Doch so viel Pracht betäubt mich. Diese Blumen, die ein Gärtner in dichten gleichförmigen Pflanzenbeeten auf Samen züchtet, diese aufgetupften Farbenflecke, machen den Eindruck von Kirchenfenstern und geben mir Anteil an ihrem Leben.

Es strahlt zu sehr! Hier fühle ich mich überwältigt. Ich kann die Pracht dieser Schönheit, dieser starren Schönheit nicht ertragen!

Und ich entfliehe, suche im grünen Laub Zuflucht, wo der frische Wind, ein Zephyr, die Blätter meines Notizbuches sanft erzittern läßt...

Gleichwohl haben meine erschreckten Augen den Eindruck jener betäubenden Herrlichkeit empfangen und bewahrt. Noch vor kaum zwei Wochen war es nahezu Winter und plötzlich blüht alles auf, Wolken, Bäume und Blumen. Es ist eine tolle Überfülle, ein Purzelbaumschlagen vor Jugend! Reichtum zum Bersten. Man wagt unter so viel Schätzen nicht zu wählen. Für das Studium tut Beschränkung not.

In einer einzigen Blume sind fast alle Blumen enthalten. Auf dem kleinsten Spaziergang im Freien begegnet man der ganzen Natur und alle kleinen Wiesenpfade sind Wege ins Paradies.

... Sicherlich ist ein Botaniker an mir verloren gegangen. ich verstehe alles von selbst, auf meine Art. Während die «Autos» auf ihren Straßen Lärm und Staub machen, studiere ich, über die Blumen meines Pfades geneigt.

Was für seltsame, verschiedenartige, unzählbare Ausdrucksmöglichkeiten für den Künstler!

Trotz der verschieden gestalteten Flächen sind alle Blumen gleich; die kleinen und die großen, alle sind gleich stolz.

Scheinbar kann man sie des Morgens auf ihren Stengelspitzen besser unterscheiden. Es ist der Moment, da sie uns alle so lieblich den Rücken kehren!

Einige sind da, die leuchten, wenn sie die Zier ihrer Blumenblätter öffnen. O Ornament der Blumen! Unschätzbare Anweisung für den Bildhauer!

Viele Pflanzen ahmen Vögel nach und fliegen gleichsam im Stillstehen. — Blätter am Stengel flattern, eines weit entfernt vom andern.

Andere Blätter hängen herab wie Flaggen auf Halbmast. — Wieder andere: wie Wäsche am Fenster.

Kleine Blumen, denen ich in Gärten und Wäldern begegnet bin. ihr habt mir zu Beobachtungen gedient, so wie ihr auch in den schönen Zeitaltern des Ornaments Bildhauern und Glasmalern gedient habt.

Jene beiden Blätter, eins rechts und eins links, wölben sich, vereinigen sich. An ihrer Basis sprossen zwei andere hervor, dann noch zwei kleinere und so weiter.

Sie treiben aus ihrem Herzen zwei Stengel hervor, die sich voneinander entfernen, zwei Blumen, zwei Knospen und eine Gruppe noch kleinerer Knospen tragen.

Wie zart sind die Adern dieser Blätter! Die feinsten Fächer! Und es sind doch nichts als Wegpflanzen...

Eine kleine Rosette von Nesthäkchen. Blüten rings um eine düstere Blume.

Einige wilde Blumen haben Helme wie Minerva.

XXIX TONNERRE

Die Pflanzenfasern entspringen in feinen glatten Rippen dem Anfang des Stengels, schießen empor und dringen eilig, ohne innezuhalten, in das Blatt ein.

Diese Blätter, die umkehren, die eine Halbdrehung um sich selbst beschreiben: sie schließen sich im ersten Drittel, lassen dann ihre Säume los und ziehen sie wieder an sich. Volants einer Robe.

Der Stengel, der sie trägt, hat Furchen wie eine Säule.

Die Zweige werfen sich hin und her, mit verschiedenartigem Gefühlsausdruck, doch nie ohne Grazie.

Diese gefällten, auf dem Boden liegenden Bäume sind Gesimse. Wahrhaftig, ihr Stil ist gotisch: Hochrelief.

Eine Pflanze mit der ganzen Wurzel ausgegraben. — Aber der Zusammenhang mit der Erde war unterbrochen. Liebe kann Trennung nicht vertragen. Warum wundern wir uns, wenn die Blume im Zeitraum von kaum einer halben Stunde stirbt? Würden wir ohne die notwendigen Lebenselemente länger leben als sie?

Wenn ein Blatt im Sterben ist, werden seine Gefäße deutlicher, sie treten hervor wie die Adern eines Greises. Es rollt sich ein, schrumpft zusammen. Doch nehmen ihm diese Veränderungen nichts von seiner Schönheit, und seine morbiden Formen sind die einer Gioconda.

Dann löst es sich, fällt ab, ohne Widerstand.

Die Blumen hier sind von der Starrsucht befallen. Wenn das Blatt altert, nimmt es das Aussehen einer Kunstblume an: die Seele ist verflogen. So hält sich die Blume immer steif, verhärtet sich, bevor sie der Tollheit verfällt, dem Blumenblättertod.

Solange sie jung ist, zieht sie ihre Blumenblätter an sich, versammelt sie um sich und verbirgt ihr Herz. Hält man die Alte, Beklagenswerte an ihrem Kelch aufrecht, sinkt sie mit auseinandergespreizten Blumenblättern zusammen. Doch indem sie stirbt, bringt sie Leben hervor.

Geschieht die Umwandlung der menschlichen Gesellschaft auf dieselbe Art und Weise? Man glaubt alles verloren und sieht das Gute nicht, übersieht die Arbeit, welche Frucht schafft, so wie unser Tod und unsere Krankheit Leben oder Gesundheit schaffen ...

Wenn Pflanzen welken, verlieren sie allen gegenseitigen Respekt, sie stoßen, rütteln einander, fallen eine über die andere. Bei gutem Wohlbefinden halten sie untereinander immer Distanz.

Sie halten sich gerade, doch mit Elastizität, Biegsamkeit, mit irgend etwas Luftigem, einem elastischen lächelnden Gleichgewicht, ähnlich dem einer Tänzerin, die Beifall sucht und findet. Welche Schönheit fast ohne Stütze, stets bereit, sich hinzugeben!

Ich glaube, sie sind stolz auf ihre Selbständigkeit, ich bewundere ihren Ehrgeiz.

Zwei kranke Blumen; die eine lehnt sich an die andere, indem sie an ihr vorbeigleitet. Diese hält ihre Schwester, während sie sich selbst herabbeugt. Hier gibt es Trauer und Zärtlichkeit.

An der Stelle, wo der Stengel Knoten ansetzt und seine Membranen in Fingerform ausstrahlt, umschlingt das Blatt den Stengel. Dann wirft es sich, des festen Stützpunktes sicher, nach vorn.

Giebel haben immer die Gestalt von Blumenkronen.

Tulpen

Sie dehnen und strecken sich wie glückliche Kurtisanen; sie zeigen ihr Herz in einer freien Geste, die vielleicht nicht gerade keusch, jedenfalls aber verehrungswürdig ist.

Diese hier ist ohnmächtig herabgesunken, mit weit geöffnetem Maul.

Eine andere hängt senkrecht hinab. Ihre Angstbeklemmungen, die ich durch ihre Unbeweglichkeit hindurch fühle, kennzeichnen den Verfall der Blumen: das Alter.

Die drei Weisen aus dem Morgenlande und die Königin von Saba waren nicht so reich gekleidet wie jene aus Rot und Gold gemischte Tulpe.

Und diese hier, gleichfalls rot und golden, doch in einer anderen Verteilung, ist sie der Paradiesvogel? Oder vielmehr der Flügel des Erzengels Gabriel?

Und in fast allen finde ich die Geste einer Sappho wieder, die aufreizt und gibt. Selbst jene, die zu Boden sinken, den Kopf voran, haben noch diese Geste. — Man könnte sie für bunte Seifenblasen halten, die in der Luft verharren.

Hier etwas Schreckliches: diese blutroten, goldgestreiften Tulpen wie lebende geschundene Haut im grellen Sonnenlicht; andere rufen das Gefühl von stellenweise nicht mehr ganz frischem Fleisch hervor. Die eben noch so schönen feingezackten Streifen sind jetzt verfaulte Fasern. Kein Goldgelb mehr in der Mitte. Eine schreckliche Wunde, geronnenes Blut, ein Stück Aas; dieses Rot einer brennenden Krankheit, dieser rinnende Schleim ... eine Jammerblume, die Schrecken erregt! Und doch ist sie nicht tot, sie erleidet nur die notwendige Umgestaltung für ihre Befruchtung. — ist es das Bild unseres Sterbens?

Manche Tulpen sind ein einziger wunderbarer Sonnenuntergang.

Zwischen ihren Blumenblättern sieht man ein blutiges Kruzifix.

Diese hier hat ihre Form verloren. Das Leben stockt im Stengel, an dem die Blume traurig hängt. Ihre Fruchtknoten kommen aus den Blumenblättern wie die Pfoten einer Eidechse. Doch bewahrt sie strahlendes eucharistisches Rot, glänzend, als wären diese Blätter sorgfältig gebürstet worden. Diese Tulpe hat die Pracht orientalischer oder Genueser Seidenstoffe.

Zackige Tulpen. Ihre roten und gelben Blumenblätter sind wie Flammen einer Feuersbrunst; stellenweise gekräuselt, wirken sie wie windbewegtes Feuer.

Denn es gibt brennende Blumen. Diese hier sind in voller Glut. Aus der Vase überhangend, vom Stengel gestützt, flammen diese Tulpen in der Luft. Man glaubt, vom Wind gejagte Flammen zu sehn, die nach allen Seiten entweichen.

Und es gibt Blumen, die behexen. Schleudern sie nicht einen flüssigen Niederschlag von sich?

Die weiße Margerite hat vor allem den Blättern ihre Schönheit zu verdanken. Während der Stengel aufschießt, bildet das Blatt anfangs eine Zacke, dann höher oben zwei breite Zacken, und jede von ihnen hat die Gestalt einer kleinen Zunge.

Besonders begünstigten Blättern ist das Glück beschieden, die Knospe zu umgeben, den Stolz der Pflanze, die schon in ihren unausgebildeten Flächen edel ist und sich zu schönster Schmucklosigkeit entwickelt.

Die Margerite, der Sonne ähnlich, ist die Blume der Kinder und Verliebten. Die Geliebte bietet sie den Dichtern, den Künstlern dar.

In ihren aufsteigenden Blättern täuscht sie die Form einer durchbrochenen schmiedeeisernen Vase vor. Verwelkt, gebeugt, ähnelt sie dem Laube. Sie senkt sich, und indem sie zu fallen beginnt, bildet sie eine kleine Hand, eine kleine Pfote mit sehr vielen zusammengeschrumpften Fingern. Viele verwelkte Margeriten: kleine Stickereien.

Jung und frisch ist diese Blume ein wunderbares Element der Dekoration. Alle Ornamentkünstler glücklicher Zeitläufte haben sie studiert. Ihr Blatt ist der französische Akanthus.

Die Wiesenmaiblume blüht zu derselben Zeit wie der Erdbeerstrauch, weil die Schönheit dieser beiden Blumen sie für symmetrische Plätze im Strauß der schönen Jahreszeit bestimmt.

Beide sind sehr weiblich.

Eine andere Heckenblume gleicht mit ihren Rudern einem Seelentränker. Sie macht ein Knie, um über sich selbst hinweg aufzusteigen.

Alle Blätter dieser Pflanze sind mit Tinte befleckt. Ich kenne sie nicht. Sollte es die Blumen der Schüler, der Schreiber sein?

Das Veilchenblatt hat die Form eines Herzens.

Der Ginster hat kleine grüne Blätter, wie Linsen; sein Stiel ist vierkantig wie die Kirche St. Gudula.

Dieser kleine Klee bleibt, man mag ihn noch so sehr glätten, im nächsten Augenblick wieder gefältet wie ein Meßgewand.

Löwenzahn, Sauerampfer: Lanzenspitze, Hellebarde.

Dies blaue Stiefmütterchen, seine Blätter: ein Meßgewand von dunkelblauem Sammet, feinste Seide.

Die Veilchen sind so frisch! Sie bieten gleichsam ein Symbol, ein Bild guten Wetters.

Ihre Blätter, von unbeständigen Schatten wellenförmig bewegt, sind voll von Kraft.

Die Nelke ist die Blume Ludwig XV. Sie wurde auf den Bandschleifen der Pantoffel getragen. Doch schon die Gotiker brachten sie auf den Schlußsteinen der Gewölbebogen an.

Der Löwenzahn zeigt uns alles, was er in seinem Bauche hat. Er denkt nur an die Fortpflanzung.

Die Haltung des wilden Vergißmeinnicht ist etwas leichtsinnig; es hat kein sehr gutes Gedächtnis, es ist zu klein.

Der Rasen: die Oriflamme.

Das Blatt des Maulbeerbaums hat auf seiner Oberfläche lebhafte Striche. Es ist ein wesentlich gotisches Blatt; im Trocadero-Museum werdet ihr es häufig wiederfinden.

Der Wegerich, dieses Kraut, das man auf Schnittwunden auflegt, ist eine von den Seiten gestützte Lanze. Sein Blatt ist geflammt.

Dieses erregte, blutende Anemonenauge. Ich kenne nichts Herzergreifenders als diese Blume. Diese hier ist im kritischen Alter; sie ist voll von feinen Runzeln, ihre Blätter sind beinahe zerfasert; sie wird bald abfallen. Die persische Vase, blau, weiß und gelb, in

XXX SENS

welche ich die Blume stelle, gibt ihr ein würdiges Grab. — Ihre erblühten Schwestern bilden schöne Rosetten.

Diese große violette Blume, in einem gewissen Fenster der Notre-Dame, die ich so liebe, rührt mich wie eine Erinnerung, jetzt besonders, da wir uns bekehren, sie und ich. Ihr trüber Kern mit einem schwarzen Punkt in der Mitte umgibt sich mit einem ebenso schwarzen Kranz, den die Blumenblätter vergrößern, und diese violetten Blätter ziehen als Kirchenfenster vor dem Licht vorbei. Diese Blume ist eine Witwe.

Alle meine Blumen sind hier vor meinen Augen, meinen Ruf erwidernd.
Gestern habe ich hier Arme, Hände, Profile gesehn.
Heute richten sie sich wie die Arme des Kronleuchters empor, bieten sich dar, um Licht zu empfangen. Eine einzige hängt wie eine tote Schlange hinab.
Zweifellos drücken Schönheit und Bewegungen der Blumen nichts Gedankliches aus; ebensowenig wie unsere eigenen Bewegungen und unsere Schönheit. Aber sie sprechen im Chor, sie sind kollektive Weisheit, einstimmiges Denken.
Sie gebieten uns also, das Gefühl für die Gesamtheit nicht zu verlieren, indem sie uns doch zugleich auch durch reizende Details, die sie uns sehen lassen, entzücken.
Alle diese Blumen und viele andere, ja alle andern insgesamt haben Bildhauern und Glasmalern Modelle geliefert. Der Glasmaler hat hier seine Töne, der Bildhauer seine harmonischen Gliederungen entnommen.
— Glasmaler, du hast die Blumen gekreuzigt, auf deinen Fenstern, rot vom Blute der Passion.

Mein Testament

In meinen letzten Minuten spreche ich, um die vergangenen Jahrhunderte aufzu-
wecken und neuzubeleben. Ich bin wie der Hauch in einer Trompete, die den Klang
anschwellen läßt.
Ich bin auf den Tod dieser Bauwerke gefaßt wie auf meinen eigenen Tod.
Nun mache ich hier mein Testament.

Regeln des Instinkts sind es, die ich ausspreche. Sie bedürfen der Grammatik
nicht, die für Kinder taugt.

Dieses Buch will die Kathedrale nicht zergliedern: es zeigt sie lebendig, mitten im
Leben.

Geist auf der Basis der Intelligenz: ein schönes Basrelief.

Die Intelligenz entwirft, aber das Herz gestaltet.

Der Ignorant, der Gleichgültige, zerstört durch sein bloßes Anschaun die schönen
Dinge.

Der Mensch liebt es, am Ufer seiner Träume zu leben, er mißachtet die schöne
Realität!

Ein altes gebücktes Weib hebt den Kopf, blickt mich an, dann fährt sie fort, mit
kleinen Griffen aufzulesen. Auch ich bin ein Ährenleser, der glückliche Ährenleser der
alten Zeit, oder vielmehr der Schüler, der alte Lehrling stolzer Werkmeister von ehemals.
Sehe ich nicht überall rings um mich in dem Dementi, das ihnen unser Jahrhundert gibt,
den Beweis, daß sie recht gehabt haben?

Die Rasse kehrt zu ihrem Ursprung zurück! Wie fühle ich in mir das Glück dieser Künstler von ehedem und ihre fruchtbare Naivität! Gefühlvolle Herzen, die in der Kunst keinen Luxus, sondern den eigentlichen Sinn ihres Lebens gefunden haben.

Ach! Das Geheimnis! Niemand liebt es. Ich meinerseits verlange nicht «mehr Licht» wie Goethe: ich will den Anteil an der wunderbaren Grotte nicht aufgeben, in der alle Märchen von Tausend-und-eine-Nacht sich befinden, ich bleibe in ihr.

Die rätselhafte Schönheit deckt alles wie ein Gewebe, wie ein Aegisschild.

Es gibt kein Chaos im menschlichen Körper, der Ausgang und Ziel des Alls ist.

Wiederholung und Regelmäßigkeit sind die Grundlagen des Schönen. Das ist ein Gesetz. Romanischer und gotischer Stil gehorchen ihm: Säulen, muskelhafte Balustradensäulchen, diese Gesimse...

Balustrade und Spitze sind gotisch. Später treten zahlreiche Kartuschen an die Stelle des gotischen Dreipasses im Giebelfeld.

Wer kann an Fortschritt glauben? Die Zeit steigt und fällt so wie die Erde, ihre Ellipse überholt im Laufe des einen Jahrhunderts das vorige, im Guten und im Bösen, im Licht und im Schatten. Schon lange wären wir göttlich, wenn die Theorie des unbegrenzten Fortschritts wahr wäre.

Ich liebe das menschliche Bestreben, das sich durch regelmäßige Wiederholungen unablässig steigert. Diese wiederholte Bewegung ist eine Schlachtordnung. Die Säulen der Kathedrale verzehnfachen ihre Grazie, indem sie einander folgen und sich vereinigen.

Nach der Natur

Das Studium der Natur führt zu denselben Folgerungen wie das Studium der großen Werke des Menschengenies. Dennoch scheinen hier einige Worte über das lebende Modell am Platze: sie bereiten das Verständnis der Skulptur vor, wie die Verzierung auf das Verständnis der Architektur vorbereitet.

(Liegende Gestalt)

Dieses schöne Weib fühlt, ich sehe es, den Aufruhr, die Steigerung der Gedanken, die es hervorruft, während ihr Anblick im Geiste des Künstlers die Statue aufbaut.

Er hat sich nicht gesetzt, noch nicht zur Arbeit eingerichtet; hat er das Modell denn nicht gerufen, um nach ihm zu arbeiten? . . .

Dieser Arm hat ihn überrascht, diese Brust . . . Nun hat er ihre Schönheit enträtselt. Sein Auge prüft das Ganze, die Details, dann kommt er auf die gleich anfangs bemerkte Bewegung von außerordentlichem Stil zurück, die er in ihrem großen Ausdruck erkennt und entschlossen studiert.

Jetzt sieht er alles, was es in der Skulptur zu sehen gibt. Denn das Kleid ist nur ein Überzug, nicht mehr. Den Künstler verlangt es mehr zu sehen.

Und was gibt es zu sehen? Immer dieselbe Pracht, immer das Leben, das bei jedem Pulsschlag von vorn beginnt und sich erneuert.

Hingerissenheit: eine Frau, die sich entkleidet! Es ist die Wirkung der Sonne, die durch die Wolken bricht.

Beim ersten Anblick dieses Körpers Überblick des Ganzen, Schreck, Erschütterung.

Das Auge, einen Augenblick lang stutzend, enteilt wie ein Pfeil.

In jedem Modell ist die ganze Natur enthalten; das Auge, das zu schauen versteht, entdeckt sie hier und folgt ihr weit genug. Hier ist vor allem das, was die meisten nicht zu sehen wissen: die unbekannten Tiefen, die Hintergründe des Lebens. Über der Eleganz steht die Grazie; über der Grazie die Formung. Aber dies alles läßt sich nicht in Worte fassen. Man sagt vom Modell, es sei süß: doch es ist in kraftvoller Weise süß. Die Worte fehlen . . .

Ja, ich habe die Form betrachtet und verstanden, das ist erlernbar: aber das Genie der Form bleibt ewig zu studieren.

Dieses Stück lebender Antike, mit denselben Formen wie die Antike, ist hier über das Kanapee wunderbar hingebreitet. Eine braune Mönchskutte, von lebhaftem Licht modelliert, umgibt diesen Körper. Den inbrünstigen Ernst, den sie ehemals im Gebet ausgedrückt hat, den Ton der Leidenschaft teilt sie dem wollüstigen Fleische mit, dessen königliche Linien sie umhüllt.

Die Antike hat diese Farbe welken Laubs, schöner als rot, nicht gekannt.

XXXI TOULOUSE

Der Mundwinkel, dieser anfangs dünne Strich, der in der Bewegung sich wendet und erweitert: der antike Delphin.

Diese Lippen sind wie ein Teich der Lust, den die edlen zitternden Nasenlöcher zerteilen.

Der Mund mit seiner feuchten Wollust windet sich schlangengleich. Die Augen sind geschwellt, der Saum der Augenwimpern schließt sie. Die Worte, die bewegt den Lippen entsteigen, sind von ihnen, von ihrer köstlichen Wellenbewegung geformt.

Die Augen, die sich in ihren Winkel zurückziehen, bewahren geduckt ihre Linienreinheit, ihre Sternenruhe.

Einer herabgefallenen Frucht gleicht diese hingeworfene Gestalt, mit ihrem waagrechten Auge, das schlecht sieht, aber sich sehen läßt, das auffordert ...

Alle Rundungen atmen und wiederholen denselben süßen Reiz, wetteifern im Ausdruck einer Unendlichkeit, denn dies Auge, eine Sonne von Einsicht und Liebe, schenkt Leben weg, hält es nicht zurück. — Ja, dieses Auge und dieser Mund verstehen einander.

Das feine Profil, — doch zeigt es nur wenig Fläche, sein Ausdruck ist wie schwindend, wie ausgelöscht, um der Anmut der zum Nackenansatz sich hinabneigenden Wangen Platz zu machen.

(Seitlich beleuchtete Gestalt)

Mit unendlichem Glücksgefühl schmiegt sich das Verständnis an diese schlanke Schönheit, wie Gips die Außenseite einer Gestalt genau umfaßt, um sie getreulich abzugießen.

Im Schatten, — halbdunkle Töne modellieren so überaus wahrhaftig! Hier nur erhebt sich die Grazie der wollüstigen Psyche zu ihrer ganzen Fülle. Aber der Umriß der plastischen Form zeigt sich in hellen Linienzügen, die der ganzen Seite von Rumpf und Oberschenkel folgen.

Dreifaches Kissen, dreifache Daunen! Diese Linie schwillt an, rundet sich, wird durchsichtig.

Schattengirlanden ziehen von der Schulter zur Hüfte und von der Hüfte zu den vorspringenden Polstern des Schenkels.

Schlaftrunken Fleisch, ruhevoller See.
Ozean, in dem die Wellenzüge der Leidenschaft verebben.
O Fleisch, groß und weiß.

(Knieende Frau, seitlich geneigt)

Die beiden gefalteten Hände beten; sie scheiden den Busen vom Bauch.

Diese Haltung wetteifert an Grazie mit der Geste der mediceischen Venus, die ihre geheime Schönheit mit den Händen deckt: die lebende Frau verteidigt sich durch eine hinfällig schwache Bitte.

Mit welch außerordentlicher Leidenschaft umschlingt der Schatten diesen schönen Körper! Die Hände, vom Licht berührt, drücken sich an die zarte Frucht, deren Schatten das beredte Mysterium verbirgt und zugleich erraten läßt.

Ohne die in die Tiefe greifende Modellierung könnte der Umriß nicht so fest und geschmeidig zugleich sein; er wäre trocken.

Dieser schöne Schatten der knieenden Frau, rechter Hand, dieser Schatten, der den Rumpf teilt, fällt, sich an beiden Schenkeln bricht, die Hälfte des einen und den andern ganz beherrscht: Gegensatz dieses Schattens zum Helldunkel. Dieses gibt jenem Leben.

Der Preis der Schönheit gehört keiner einzelnen Frau zu eigen, allen in ihrer Gesamtheit kommt er zu. Jede vollendet sich in ihrer ganz persönlichen Schönheit, so wie eine Frucht nach den Gesetzen ihrer Gattung reift.

Was mich anlangt, so weiß ich schon lange Zeit nicht mehr, was das ist: «Akademie». Aber ich weiß, was eine Frau oder eine Blume ist, denen man noch nicht die Unbill angetan hat, sie zu akademisieren.

Architektur

Die ungeheuern Dächer der Kathedralen sind Ruhestätten und Landschaften.

Die Bäume ordnen und beleben alles, sie lieben die Architektur des großen Stils.
Diese Bäume: Erzengel, die einander Aug in Auge grüßen, die Flügel senkrecht über den Himmel gebreitet. —

Dieses tiefe ausdrucksvolle Schwarz ist kein Schwarz mehr, das ist eine stark gewürzte Brühe: das ist Tiefenwirkung, das treibende Schönheitsprinzip des Mittelalters und aller Zeiten.

184

XXXII TOULOUSE

Dieses Prinzip starker Tiefenwirkung hat allen Jahrhunderten vor uns bis zu Ludwig XVI., ja selbst bis zum Kaiserreich inklusive den Stil gegeben, der sich in tausend Variationen kundgibt.

Die Gotik ist bis gegen 1820 Frankreichs Wohltäterin. Sie hat noch bei einigen unserer Bäuerinnen Spuren hinterlassen, — sie tragen das schwarze Kostüm und den Hut der Gestalten, die unsere Kathedralen zieren.

Das Schöne in der Landschaft ist zugleich auch das Schöne in der Architektur, es ist die Luft, es ist das, was niemand würdigt: die Tiefe. Sie verführt die Seele und lockt sie ins Ungewisse.

Dieser Stengel, der sich bläht, ist von einem neuen Gefühl bewegt, ähnlich dem des jungen Mädchens, das fühlt, wie seine Brüste sich runden.

Die Prozession ist die Seele des Basreliefs. Sie ist eine Inschrift, eine Borte des Tempels, ein Fries, ein Ornament.
Und auch die Säulen werden von der Prozession inspiriert.

Beauvais

Beim Verlassen der Kirche bleibe ich in der Vorhalle stehen und betrachte mit erhobenem, nach hinten geneigtem Kopf den Bogen, der über das Giebelfeld hinweg aufsteigt. Unerwartete, heftige Wirkung. Das ist der Umsturz der Schöpfung, das Chaos; und ist zugleich das Jüngste Gericht. Die Ornamente, die den Bogen überragen, geben den Eindruck, als seien Stücke der Architektur losgelöst. Einige steigen empor, andere fallen. Das hat die Gewalt einer Sintflut. Dem Zusammensturz irdischer Ordnung gesellt sich jener des Menschen, der in einer ungewöhnlichen Haltung, in Dreiviertelwendung, in tiefer innerer Verwirrung aufblickt. Und doch bleibt es schön! Impetuoser Anblick!

In diesem Moment ist die Kathedrale von Chartres in meinem Geist und begegnet hier dieser Mozartmesse, in der von allen Seiten göttliche Töne herbeiströmen. Liebliche Wirkungen, unzählige Lichter.
Und zugleich steigen meine Jugenderinnerungen empor; ich gelange also immer nur zufällig zu ihnen und gleichwohl fallen mir Tausende von Einfällen in den Schoß, — Himmelsgold.

Der erste Eindruck vor der Kathedrale ist großes Staunen. Der Geist ist bemüht, die Vergangenheit zu verstehen, sie mit modernen Blicken zu durchdringen. Er wendet sich an die Ergebnisse seiner früheren Studien und versucht auf diese Art, der Sphinx näherzukommen.

Dieses Sich-Kreuzen von Kräften!
Die Krümmungen hoch oben, diese Formen, diese Zuckungen des Gesteins über einem dunklen Himmel, in dem die Einbildungskraft forscht und ahnt.

Diese Arten von Apsis, die auf dem Trottoir zusammenlaufen, diese Einstürze, die ich bewundere, Einstürze der Zeiten, der Parthenonwände, noch zertrümmerter des Nachts, noch um zwei Jahrhunderte weiter in ihrer Auflösung vorgeschritten.

Die Sonne schläft in dieser Kirche, auf diesen Fliesen, Gesimsen, Säulen, über dieser Gesamtheit, die das Leben anlockt und es im Bereiche des Auges festhält. Diese verlassene Kirche ist wie ihre Grabinschriften: sie lebt im Tode, ihre Fortexistenz hebt sich über Jahrhunderte hinaus.
Und doch enthüllt sie nur jenen ihre Schönheit, die sich ebenso hingeben wie ihre meditierenden Erbauer. Bewunderung kann man nicht predigen, sie ist etwas ganz Persönliches. Vor siebenhundert Jahren haben sich diese Steine der Inspiration ihres Meisters gefügt: wir suchen diese zu entdecken, sie neu zu empfinden.

Hier kannst du ohne Reinheit zugelassen werden; doch nicht ohne Wissen — hier wo man die Sonnenstrahlen zu spinnen und in Wirkung zu setzen versteht.

Zweifellos, die Schönheit von Reims ist real und rührt uns auch dann, wenn das sinkende Licht sie zu sehen verwehrt. Unser Ahnungsvermögen enthüllt sie uns — das Ahnungsvermögen, der Instinkt, diese Wächter!
Dem Auge ist alles undeutlich, doch genügen die wenigen Punkte, die es noch wahrnimmt, den Geist zu fesseln, ihn anzupassen. Das Auge könnte übrigens ohne Mithilfe der Seele auch am hellen Tage, wenn das Gebäude im vollen Lichte steht, nicht mehr sehen als mitten in der Nacht.
Das Auge ist ein gewöhnlicher Kodak; Künstler ist das Gehirn.

Göttliches ragt vor meinem Fenster: unergründlich.
Ich erwarte die Nacht, um in das Innere einzutreten und zu verstehen.
Für den guten Beobachter gibt es immerhin eine gewisse Regelmäßigkeit in dieser Größe. Und auch Ordnung ist hier, sie in meinen Geist aufzunehmen.
Zumindest kann ich schon die imposante Fülle dieses Grau-in-Grau genießen.

Kräftige Säulen tragen die Tropfsteinwölbung.

Bienenzelle, in welche die großen Renaissancekünstler ihre jüngsten Gerichte, später Jupiter, Psychen, die Veronika hinstellen werden, deren Bogen an Astronomie und die himmlischen Wölbungen denken lassen und deren Ellipsen und himmlische Geometrie Dante beschrieben hat.

Bei diesen alten Bauten wird der Glockenturm von den Dachgiebeln durchdrungen. Alle Glieder des Gebäudes durchdringen einander, ohne starre Scheidelinien.

Niemals habe ich das Sonnenlicht mit solcher Pracht sich abstufen gesehen wie in den Bogenrundungen des Reimser Portals. Die Jungfrau thront hoch oben im Giebel: Krone der Weiblichkeit, himmlische Geste, zu der alle Menschen mitsamt den Engeln sich hingezogen fühlen, als entzückte Diener.

Triumph der Milde, Apotheose der Ergebenheit; Meisterwerk eines Vorbildes für die Frauen.

Diese Strahlende trägt ihr Kind, den Sohn Gottes. Vielleicht ist jedes Kind einer Mutter immer der Sohn Gottes?

Caen

Caen war ein wohlbestellter Hauptsitz alter Schönheit.

Hier gibt es Meisterwerke ersten Ranges, in denen eine aus der Gotik hervorgegangene Renaissance Triumphe feiert.

Welch wunderbarer Überfluß an Geist!

Der französische Geist mit seiner ganzen Kraft liegt in der gotischen Kunst. In der italienischen Renaissance verarmt er, schematisiert sich allzu sehr.

Der Baldachin von Caen (italienische Renaissance, Bronze und Marmor) ist von vollendeter Schönheit. Hoch oben ein Engel und Kinder. Es ist Opernregie! aber welche Pracht! Diese Tribünen, Balkone, die Geradheit der Architektur, dieser Tanzschritt, die Zartheit der schmiedeeisernen Zieraten...

Heute aber bezieht Caen seine Parole aus Paris und alles, was von dort kommt, ist dürftig, geschmacklos. Das ist die Lehre dieser Revolutionäre der Architektur, die vorgeblich alles zusammenleimen, in Wirklichkeit alles zerstören. Sie benehmen den Bauwerken die Luft, sie entstellen das Antlitz der französischen Kunst, sie schänden und vernichten sie.

Mitschuld der Zeiten. Es war nötig, durch ein ganzes Jahrhundert der Verirrung und des Verfalls hindurchzugehen, um das XX. Jahrhundert zu erreichen, das zu den reinen Quellen emporsteigen wird. Wenn jedoch das XX. Jahrhundert seine wohltätige Mission vollziehen will, wird eine tiefgehende Änderung der Sitten not tun.

Sehen wir doch die Restaurierung der Chorhaube von St. Peter an: die Imitation eines Möbelstücks aus dem Faubourg St. Antoine.

Die Kirche von Cambronne (romanisch)

Das Seitenschiff beginnt mit einem dicken Pfeiler; Gruppe im Schatten. Die Perspektive weich modelliert; keine Härte; das Licht ist wie aus Honig; die Spitzbogen treten ohne Heftigkeit hervor; die Tragsäulen haben ebensoviel Zartheit wie Kraft, ihre Patina macht den Eindruck der Antike.

In einer einzigen Kurve also verläuft seit den Griechen die Schönheit, mögen die Stile welche Sprache immer sprechen.

Hoch oben der Altarhimmel, Überfülle von Ornamenten.

Die Köpfe dieser Heiligen sind mit der Grazie natürlicher Phantasie geschmückt wie mit Tiaren.

Diese Architekturen, diese Ornamente lächeln diskret . . .

Hier ist das geheime Leben: wir vermögen in diesen geschlossenen, vollendeten Kreis nicht einzudringen.

Strebepfeiler: Brücken, Aquädukte, die kommen und gehen, graue Gestalten: Quergalerien, die vom Licht nur grau in grau beleuchtet werden.

Ein erhellter Teil des Schiffes neigt sich über den andern, der sich für ewig ganz im Schatten verbirgt.

Diese hohen, ein wenig nach hinten geneigten Säulen beschreiben eine einzige Kreisbewegung, die sie gegen die Unbill der Jahrhunderte schützt.

Der Architekt dehnt und wägt die Linien, gibt ihnen den Schwung der Bewegungen, die sie weit über den Horizont hin tragen: getreue Sphinxe, hängende Lianen, Girlanden, — Stationen unseres Denkens, Versuche, Vorspiele zu jenem Stück Schöpfung, das uns zugeteilt ist.

Das System der mittelalterlichen Architektur ist auch das System des Altertums: hier wie dort dasselbe Motiv, unzähligemal die Venus, immer lebensvoll in ihrer Bewegung.

Architektur entsteht, wenn die Details, wenn alles der zeugenden Hauptlinie der Konturen untergeordnet wird.

Der Zug der Kraft ist im romanischen wie in allen anderen Stilen derselbe. Die Formen sind äußerlich verschieden, stimmen aber in ihrer Wirkung überein.

Diese Wirkung ergibt die Einheit, die Gesamtmasse der französischen Stile.

Der Strom der Massen muß dem Gegenstand entgegenkommen und ihn in sich aufnehmen. Eine Fläche ist nicht zu Ende, weil der Gegenstand zu Ende ist, sondern weil die Materie ihre Bewegung zu Ende gebracht hat. Ist diese Bewegung mit ihrer Evolution nicht vollständig ans Ende gelangt, so ist die Skulptur nicht vollendet. (Ich spreche von der wesenhaften Vollendung, die ganz andere Bedeutung hat als das Zuendestriegeln von Armen, Beinen, Köpfen usf.)

Die Bewegung setzt sich fort, wenn die Statue das, was sie sagen wollte, zum Ausdruck gebracht hat. Doch spricht nicht nur sie allein: die Nebenpartien geben ihr Antwort. Die Skulptur muß von Fläche überflutet sein, Unterlage und Nebenpartie dieselbe Bewegung fortführen.

Die Ornamente, Draperie oder einfache Steinmasse, sind in einer Bewegung hingeschleudert, welche die Hauptfigur vervollständigt. Diese bildet auch mit ihnen eine Gruppe. Denn von weitem wirkt nicht das Sujet, es gibt nichts als Masse. Jedenfalls muß ich, ehe ich in diesem Giebel die Gestalt einer Frau unterscheide, durch die bloße Masse der Steine interessiert sein, muß erkennen, wie architektonisch diese ist, wie sie aus dem Spiel der andern Massen hervorsteigt und in dieses Spiel wieder hinabtaucht.

Sodann bemühe ich mich, das Ganze und das Detail zu analysieren.

Vor einer Skulptur forscht ihr, ob die Gestalt gut oder schlecht und welches das Sujet sei. Das ist falsch.

Hauptregel: das Wichtige ist die gute Verteilung der Masse. Hierin offenbart sich der Stil, hier kann man erkennen, ob das Werk von einem tüchtigen oder von einem unfähigen Bildhauer stammt. Man sieht in einem Giebelfeld sofort, ob die Figuren in ein gutes Gleichgewicht gebracht sind.

Nicht immer erfordert das Gleichgewicht, daß die Masse in der Mitte sei: sie kann sich auch auf der Seite und doch mit dem Ganzen der Architektur in Gleichgewicht befinden. Von solcher Art ist die Skulptur des XVIII. Jahrhunderts und das gibt ihr ihre Leichtigkeit (Giebelfeld der Ehrenlegion auf der Place de la Concorde, die Basreliefs über den Fenstern). Die Bildhauer dieser Zeit beschwerten sich auch nicht mit dem Stoff, — Jahreszeiten, Frauengestalten bekleidet oder nackt, mit Kindern oder ohne Kinder: der Stoff zählte im XVIII. Jahrhundert nicht mit. Man hat ihnen gerade diese Bedeutungslosigkeit des Stoffs zum Vorwurf gemacht, der wir durch Geschichtenerfinden abgeholfen haben, — zum Beweis, daß uns der Sinn für Skulptur und Architektur verloren gegangen ist. Unsere Vorfahren, gute Leute, waren keine «Denker», sie haben ganz einfältig als ihren Ausdruck schöne Massen geformt, mit unsern Rebuskunststücken hatten sie nichts gemein.

Die Fensteraufsätze der Chancellerie drücken nichts aus als liebliche Verteilung der Vorsprünge, die aus dem Hintergrund hervor- und zurücktreten, erscheinen und verschwinden, ohne andere Bestimmungen als: Fleisch und Atem der Skulptur zu sein, die auf der nackten Mauer so wohltut.

In Verkennung der architektonischen Gesetze hat unsere Zeit geglaubt, aus Begriffen Wirkungen erzielen zu können. Unheilvolle Revolution! Auf diesem Wege gibt es nichts zu suchen. Wir beginnen umzukehren — recht spät.

Kurz gesagt: Das Licht regiert die Architektur, nicht das «Rationale», wie der barbarische Ausdruck heißt. Die reine korrekte Zeichnung à la Ingres, die nicht schwankt und ausfährt, ist eine Zeichnung, die das Flächenhafte nicht berücksichtigt; sie ist dürftig, hart, ärmlich.

Der romanische Stil wiederholt sich in Stickereien, Ornamenten, Blumengirlanden.

Wie einfach! Ein Saum, eine Zierborte, koptisch, etruskisch...

Das Museum im Trocadéro

Welche überraschende Schönheit bergen doch diese romanischen «barbarischen» Basreliefs! Weil die antike Anlage ihr Grundgewebe bildet: Fehler in der Form vermögen nichts gegen die Schönheit des Stils.

In meiner Jugend habe ich dies alles schrecklich gefunden. Weil ich mit kurzsichtigen Augen gesehen habe; ich war ein Ignorant wie alle andern. Später habe ich gesehen, was unsere Zeit hervorbringt, und habe begriffen, wo die Barbaren sind.

In den Tagen des romanischen Stils, da die Menschen an Kapitellen mit ihren Bestien Freude hatten, da die Architektur wie Gottesgesetz das Volk beherrschte und im richtigen Verhältnis Lohn und Strafe verfügte, schrieb man die Wahrheit an den Giebel des Tempels. Es ist das gewaltige Gebot des Schicksals, das Tod und Geburt will und dem selbst Gott sich fügt, dieser Gott des furchtbaren Giebelfeldes, dieser Richter umgeben von seinem assyrischen Löwen, seinem Engel in gefalteter Tunika, seinem brüllenden Stier...

Gewiß schließt sich die byzantinische Kunst an Indien und China an. Die romanische Kunst trägt Spuren davon.

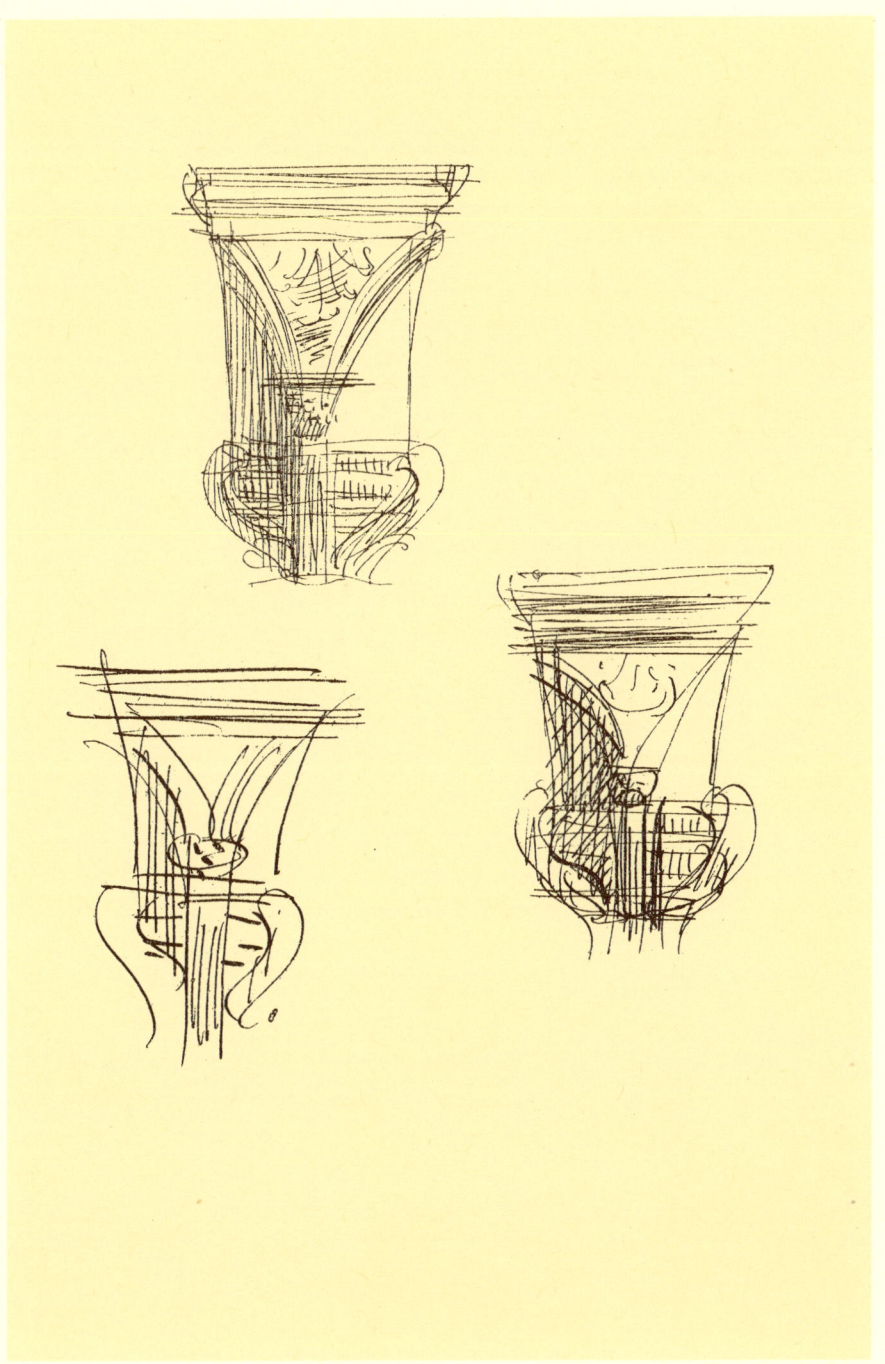

XXXIII TOULOUSE

In der romanischen Kunst und in der Gotik des XVIII. Jahrhunderts gibt es kein Schwarz — außer in den starken Strichen der Gewänder. Mit welchem Verständnis ist dieses seltene Schwarz verteilt!

In der Frührenaissance gibt es einen Überfluß an kleinen Ornamenten, — man ist versucht, sie «überflüssig» zu finden. Es ist aber die Verschwendung eines reichen Herzens, das nicht spart. Es wählt nicht Marmor und Gold für seinen Ausdruck, es begnügt sich mit Stein und entsendet ihn in geschweiften Stickereien bis an die Wölbungen. Die Kunst in ihrer Morgenröte hat kein Verlangen nach Reichtum. Die Michelangelo-Kapelle in Florenz schlägt die Kapelle der Kardinäle.

Erst wenn die verwundete Seele Dämmerung fühlt, verwendet sie kostbares Material. So die Hochrenaissance.

Holz und Stein wurden vor der Bronze verwendet. Farbiger Marmor und Lapis, die kostbaren Steine, erschienen, als die Zeit des starken Ausdrucks schon vorüber war.

Leuchter, Kandelaber, die das Licht hoch emportragen, Blätter, welche die allgemeine Form des Gebäudes unterstützen, ümhüllen, glätten, Spitzen, die stufenweise emporsteigen, Tropfstein, der von der Wölbung fällt — lieblicher, lieblich geschmückter Käfig, immer mit Methode, mit derselben einzigen Methode, nach welcher der Sohn den Vater fortsetzt, der Stil dem Stil folgt, neue Fähigkeiten aus alten hervorgehen, das Schicksal sich entfaltet, der demütige Mensch nicht von neuem zu suchen unternimmt, sondern die hundertjährige Bewegung fortsetzt: alles fließt von einem Jahrhundert zum andern wie ein Strom von Schönheit, ohne Wirbel und Kaskaden, ohne Gewaltsamkeit, ohne Desorganisation; das Wort «Originalität» ist noch nicht erfunden, selbst der Begriff, den dieses Wort verkörpert, existiert nirgends im Geist des Menschen; der Künstler folgt der logischen Entwicklung der Schönheit und verläßt nicht sinnlos die Reihe; der Schall, die Schwingungen pflanzen sich nach dem Naturgesetz fort wie der Klang einer Glocke...

Die Kathedrale ist eine Agraffe, die alles vereinigt; sie ist der Knoten, der Pakt der Zivilisation.
Es ist leicht, das Wunderwerk zu diskutieren, noch leichter es zu vernichten...

Der Glaube hat uns Barbaren zivilisiert; durch unseren Unglauben sind wir wieder Barbaren geworden.

Die Messe (Die Kathedrale von Limoges)

Die Gebete, mit denen die Messe beginnt, bringen ein Plätschern wie das des Wassers in den Weihbecken hervor, — des reinigenden Wassers. Sie werden auf einem Ton psalmodiert, erlöschen zeitweilig. Welcher Aufschwung plötzlich, wenn Gott erscheint!

Der Chorknabe: engelhafte Harmonie, Nachahmung des Nachtigallgesangs.

Dann hüpfen die Akzente empor, um musikalisch die Wölbung der Architektur zu erreichen. Musik und Architektur begegnen einander, kreuzen einander, vereinigen sich in vornehmen Melodien.

Endlich erscheint die allerhöchste Majestät.
Dreieinigkeit. Mysterium.

Der Priester spricht nun mit ernsterer Stimme und die ganze Kirche antwortet ihm.

Ein neuer Gesang erhebt sich, ein stärkeres Schaukeln: die Liebe drückt sich gewaltiger aus. Alles flutet regelmäßig heran wie ferner Wellenschlag. Die Responsionen öffnen das Mysterium, heben es hervor. Die Orgel trägt mit verhüllten Tönen die Singstimmen.

Die feurigen Dreiecke des Altars rufen: Halleluja!

Die Szene beginnt. O welche naive Größe!

Die Schatten, die Höhlungen ziehen an mir vorbei, immer noch düster; doch die Kirche erscheint nicht mehr so furchterregend wie zu Beginn des Gottesdienstes. Es ist die Herrschaft des Gebetes, erhabene Strenge. Meine Seele läßt ab von ihrer sprunghaften Hast. Sie beherrscht sich, wie ein Zentaur, der sich zurückhält und zügelt.

Die Stimmen ersterben in Frömmigkeit. Lateinische Silben, Sprache, die ich liebe.

Von fern schlägt die Stimme des Evangeliums an mein Ohr, dieselbe Stimme wie die der Säulen. Reine Wellen von Frauenstimmen, Kinderstimmen: die Stimmen der Chorknaben.

XXXIV AUXERRE

Die Messe wird still fortgesetzt. Dann nimmt der Priester wieder das Wort und freudig erkenne ich die sonore Sprache Roms.

Die Orgel tönt eine kurze Verwirrung. Eine Unzahl von Stimmen, unter aufsteigenden Wogen begraben. — O Mozart, dies sind deine Lehrer!

Anbetungswürdige Kunst, meinem Herzen teuer. Die Orgel sammelt, bindet unsere zerstreuten Gedanken; dann durchdringt und beherrscht sie alles. Und immer noch Stimmen, die sich erheben und entfernen. Wahn der Gottesnähe.

Neuer Glauben: Amen! In saecula saeculorum!

Übermenschen, vom Gebet gezeugt: sie erheben die Melodie der Adonisklage. Der Riese Geryon brüllt aus der Orgel, antwortet ihren Fragen.

Großer Augenblick. Byzantinische Engel streuen Weihrauch.

Die Liebe erwidert noch einmal: Credo. O, hier ist alles Liebe! Die Orgel streut Blumen auf die Straße herab. Lebendige Reinheit!

Die letzten Silben sind gefallen. Kleine Glocken klingen. Und das Ungeheuer brüllt noch immer. In den Pausen zwischen den Klagerufen ertönt die süße Stimme der Kirchensänger.

Welche Demut in diesem Amen, das ausgehalten wird!

Jetzt ist die Wölbung noch höher: unermeßlich.

Crescendo. Reine überhimmlische Stimme.

Ja, welch ein Glück, unsere Seele dem Gesetz, das sie neu formt, zu unterwerfen! Ergreifendes Antlitz der Vergangenheit . . .

Nun umhüllt, umschließt die Kirche alle Anwesenden.

Die Messe ist zu Ende. Nichts bleibt zurück als die kostbaren Gefäße und diese tiefe Architektur, in der das unsterbliche Geschehnis, der Akt des Glaubens sich erfüllt hat.

Während die Gemeinde weggeht, begleitet sie die Orgel mit dem ganzen feierlichen Aufruf der großen Jahrhunderte. In diesem Augenblick spielt man Bach, Beethoven.

Garben nach der Ernte. Schweigen. Das Mysterium hat sich erfüllt, Gott ist geopfert worden, — wie nach seinem Beispiel alltäglich die Männer des Geistes, die aus seinem Hauche hervorgehen, geopfert werden.

In unseren noch nicht internationalisierten Provinzstädten gibt es Meisterwerke.

Ich schlage vor: Organisation von Reisen zu allen Freiluftwerken, die bisher von der Restaurierung verschont geblieben sind: — Kirchen, Schlössern, Brunnen usf.

Das Gesindel, das sich mit Restaurierung befaßt, kennt das französische Lächeln nicht, läßt es zerrinnen, zerstört es.

Warum nehmen diese restaurierten Gesimse, aus so zartem Stein, Eisenhärte an? Warum verbindet sich nicht mehr Weichheit mit Kraft wie ehedem?

Das Einfache ist Vollkommenheit, das Kalte Impotenz.

Man hat unser Vertrauen beleidigt.

Unser Jahrhundert ist der Friedhof der schönen Jahrhunderte, die Frankreich geschaffen haben, ist das Epitaph der Vergangenheit. Um diese Meisterwerke zu schaffen, bedurfte es einer edlen Seele: Frankreich hatte sie einst . . .

Skulptur

Zeichnung von allen Seiten, das ist die Beschwörungsformel der Skulptur, die den Geist in den Stein hinabsteigen läßt. Das Ergebnis ist wunderbar: diese Methode läßt zugleich mit allen Profilen des Körpers die der Seele entstehen.

Wer von diesem System gekostet hat, hat nichts mehr gemein mit den andern.

Zeichnung, diese mystische Konspiration der Linien, die nach Leben jagen.

Dies alles war bekannt. Es ist unser Teil, wie es der Teil der Alten war, der Gotiker, der Renaissancemeister. Und es kehrt aufs neue zurück.

Realität der Seele kann in einen Stein eingeschlossen, kann für die Jahrhunderte aufbewahrt werden! Unsere eigene heiße Leidenschaft, zu besitzen, zu unterjochen, zu verewigen, — sie übertragen wir auf diese Augen, auf diesen Mund, der leben und reden will.

Warum verstehen wir die Geographie unseres eigenen Körpers nicht?

Die Brust wird von Neigungsflächen vorbereitet, die sich in einiger Entfernung unmerklich wölben. Alles stützt sich auf Hauptformen, die ihre Linien untereinander austauschen, die eine aus der andern gewebt sind. Ein wahres Konzert von Formen.

Hier beobachtet die Seele ihr Zusammenstimmen, ihre Einheit, wägt sie gegeneinander ab. Die Teile hängen mehr, als wir glauben, miteinander zusammen. Nur wir haben vermöge unseres Verstandes alles zerteilt, können es aber nicht rekonstruieren.

XXXV USSÉ

Diese Urform des Intellekts, diese Synthese ist nur wenigen Menschen gegeben. Wer nicht von selbst auf sie gekommen ist, versteht sie nicht recht.

Man lehrt uns die Dinge, als ob sie zerteilt wären, und der Mensch läßt sie zerteilt. Wenige gibt es, die sich geduldig Mühe nehmen, die Dinge wieder zu vereinen.

Das Geheimnis einer guten Zeichnung liegt im Sinn ihrer Zusammenstimmungen: die Dinge stürzen aufeinander los, durchdringen einander und hellen einander gegenseitig auf. — So ist das Leben.

Der Bildhauer gibt eine sukzessive Beschreibung der Dinge, ohne den Sinn für ihre Einheit zu verlieren.

Nur keine Nähte! Die Zeichnung muß ausschauen wie auf einen Hieb gemacht.

Man darf nicht vergessen, daß der Stil einer Zeichnung, das ist: ihre Einheit, nur durch das Studium erzielt werden kann und nicht durch eine Art idealer Inspiration. Mit einem Wort: es ist die Geduld, die das Wesen der Skulptur ausmacht.

Grazie, die niederstürzt und alles anfüllt mit ihren Reizen, — das ist die belebte Architektur des XVIII. Jahrhunderts, das ist das Ornament, das man fälschlich verachtet, denn dieser schmuckreiche Stil ist gerade die Synthese der Architektur.

Das Emporgehobene, die stärkste Wirkung der Modellierung, scheint die Vorsprünge zu vervielfachen, indem es zugleich die Einfachheit bekräftigt und erhöht. Doch diese Wirkung wäre hinfällig, wenn die erhabene Partie nicht mit allen andern übereinstimmte. Die Modellierung muß «Einheit» haben, diesen weiblichen Proteus muß der Bildhauer fassen, sonst ist er immer der Betrogene! Und er wird die Einheit nur dann erlangen, wenn er die Gesamtheit der Profile in sich fühlt.

An antiken Marmorwerken sind alle Vorsprünge abgerundet, alle Winkel abgestumpft. Die Krümmungen sind von Grazien entworfen. Kein anderes Volk als das griechische hat diese Lebensfrische, diese Jugend besessen. Frankreich hatte Feinheit, Esprit; doch diese höchste Energie in der gedämpften Modellierung hat ihm vielleicht gefehlt. An der französischen Skulptur wird das Delikate manchmal mager, das Zarte verliert den Ausdruck und das Unsagbare erscheint unreal; das Angenehm-Lustvolle überwuchert. — Die eigentliche Tugend der Form aber ist ernster und ruhiger, ist normal wie das Himmelsgewölbe.

Der griechische Marmor kennt keine Härten, dieser Meister aller Meister. Der griechische Bildhauer füllte die Höhlungen, rundete die überflüssigen Vorsprünge ab, die stören und schließlich doch nur von der Atmosphäre abgeschliffen werden. So gelangte er zu einer Form. die an der Umgebung. an der Atmosphäre teilnimmt. Er arbeitet mit fieberhafter. aber luzider Energie und ließ sich nie dazu hinreißen. die Natur durch das Löchrige. das Magere. das Frostige zu entstellen. So hat er sein unsterbliches Werk geschaffen. das der moderne Künstler entdeckt und nach langem mühsamem Studium.. zwanzig Jahre. nachdem er es zum ersten Mal gesehen hat. versteht: dann erst kann auch er den Kampf mit dem Marmor aufnehmen und sein Werk der Unsterblichkeit weihen.

Louvre. — Die Form der göttlichen Nacktheit! Meine Erinnerungen schweifen unaufhörlich mit freudiger Andacht zur Venus von Milo zurück. der Nährmutter meiner Seele.

Die Vollkommenheit dieser glatten Glieder steht wieder vor meinem Geist. wenn ich an die weiten Säle mit herrlichen Marmorbildwerken denke. Dort herrschte heilige Tempelstimmung; sie ist geblieben. Dort habe ich diese erhabene Form kennengelernt. die ich im Nackten sehe. in ihr habe ich mich geläutert. sie hat sich in mein Leben. meine Seele gegossen und in meine Kunst. die mein letzter Lebensquell. mein letzter Gedanke sein wird.

Die Modellierung ist eine Kraft. durch Studium dem Gesetz der Sonnenwirkungen abgelistet. So belebt. nimmt diese Kraft am Leben teil. zirkuliert im Werke wie Blut. um dessen Schönheit zur Bewegung zu bringen.

Da gibt es kein totes Studium. das man nach Belieben fallen lassen und wieder aufnehmen könnte. Ist die Tradition einmal verloren. so ist sie es auf lange hinaus; davon wissen wir ein Lied zu singen. wir. die wir von der Anarchie unserer Zeit erschöpft sind. die wir sehen. wie Meisterwerke unter der Hacke von Idioten hinsinken und wie die Majorität der Ignoranten ihre Tyrannis aufrichtet.

...Aber haben denn nicht auch die Ignoranten ein Recht zu leben? Haben sie nicht im Leben der Gesamtheit sogar ihren Nutzen? Sind sie nicht ausersehen. die Nacht zu bereiten. in die Feuer und Schwert hereinbrechen soll? . . .

— Ja.

Die Tanagrafigürchen haben eine weibliche Nüance: die diskrete Anmut verhüllter Glieder. die ein Zurückweichen der Seele andeuten. In Worten nicht auszudrückende Nüance.

Mehr als alles zieht mich das Ägyptische an. Es ist rein. Geistige Eleganz schlingt sich um alle seine Werke.

XXXVI VÉTHEUIL

Das Gesimse

Das Gesimse repräsentiert und bedeutet in seinem Geiste, in seiner Wesenheit den ganzen Gedanken des Meisters.

Wer es sieht und faßt, sieht das ganze Bauwerk.

Seine Sanftheit ist die der Natur selbst; sein Leben das des ganzen Gebäudes. Es enthält die ganze Kraft des Architekten, drückt all sein Denken aus.

Kehren wir zurück zur Anbetung dessen, was es dereinst nachgebildet hat. Es hat sich darauf verlegt, süße Anmut, Macht, Frische, Einheit zu verbreiten.

Die Frau, das ewige Modell, hat ihm ihre Wellenform geliehen.

Nicht das Ornament, sondern das Gesimse soll den Ruhepunkt für die Augen abgeben. Es drückt im Durchschnitt den Charakter einer Epoche aus. — «Doucine» ist wohl der richtige Name für das französische Gesimse.

Die Gesimse folgen einander gesetzmäßig, die hingeschleuderten Konturen entwickeln sich wie Bewegungen, die manchmal von ihrer Anfangsrichtung abweichen. Nüancen übernehmen den örtlichen Ausdruck.

Die Renaissance hat das angebetete Fleisch der Frau und seine Weichheit in das Gesimse, in das Ornament, in die ganze Architektur, diese Musik des Fleisches, transponiert ...

Gesimse sind Symphonien von großer Süßigkeit.

Anhang

«Die Kathedralen Frankreichs» als Dokument
zum Zeitgeist der Jahrhundertwende

Das Buch «Les cathédrales de France» von Auguste Rodin (1840–1917) erschien 1914. Die Gleichzeitigkeit mit dem Kriegsbeginn war vom Autor nicht beabsichtigt; der Verleger Armand Colin hatte den alternden Künstler zur Publikation überredet. Rodin empfand den Weltkrieg nur als Störung seines Ruhms. Albert Besnard bemerkte: «Im Grund seiner selbst findet er, daß sich die Welt zu sehr mit dem Krieg und zu wenig mit ihm beschäftigt.» Bei Kriegsausbruch flieht Rodin nicht vor den Deutschen, sondern vor einem seiner Modelle, das ins Atelier gleich auch die Mutter nachgezogen hatte, um «die Interessen des Meisters zu vertreten». Den Herbst 1914 verbrachte Auguste mit seiner Lebensgefährtin Rose Beuret in England, bevor sie in Begleitung der Tänzerin Loïe Fuller nach Rom fuhren, wo Papst Benedikt XV. eine Porträtbüste bestellt hatte – eine Arbeit, die unvollendet bleiben sollte. Als Rodin im April 1915 nach Meudon zurückkehrte, begann der langsame Totentanz, aufgeführt vom Reigen der Erbschleicher. Schöne Pflegerinnen bemühten sich eifrig um den kränklichen Meister, Statuen verschwanden aus Garten und Atelier, und noch während die Rechte und die Linke im Parlament die Schaffung eines Rodin-Museums als nationalen Kniefall vor einer ästhetischen Sekte geißelten, begann der Staat als designierter Haupterbe, Stück für Stück des Werks aus dem sturmfreien Meudon im Hôtel Biron zu Paris sicherzustellen. Am 17. November 1917 verschied Rodin im kahlgeräumten Meudon. «Wie ein Armer starb er», schreibt François Chabrun, «und wie ein Armer starb er an der Kälte». Für Kohle hatte es im vorletzten Kriegsjahr dem noch lebenden Denkmal französischer Denkmalskunst nicht mehr gereicht.

Als Max Brod 1916 an der Übersetzung arbeitete, grollte an der Somme und bei Verdun der stählerne Himmel in Erbfeindschaft. Da benötigte es Zivilcourage, ein Buch ins Deutsche zu übertragen, das sich zur Größe französischer Kultur bekannte. Wie man an der Heimfront zwischen die Linien geraten konnte, mußte der Schweizer Maler Ferdinand Hodler erleben, dem nach der Unterzeichnung eines Manifests gegen die Beschießung von Reims 1914 alle deutschen Ehrentitel aberkannt wurden. Als der Band «Die Kathedralen Frankreichs» 1917 auf den deutschen Buchmarkt kam, hatte sich die Stimmungslage bereits verändert. Im Juli forderte die SPD einen Verständigungsfrieden, die

Mehrheitsparteien folgten mit einer Friedensresolution. Das Kathedralenbuch stimmte ein in die wachsende Sorge darüber, daß das gemeinsame europäische Erbe, in Soissons, in Reims und in Laon buchstäblich im Schußfeld, nicht im Bombenhagel hinunterge- pflügt werde.

Kurt Wolff und Max Brod lancierten den Text von Rodin gegen jene Kreise, die den französischen Künstler aus deutschnationalem Dünkel ablehnten. Für Kaiser Wilhelm II. war Rodin der «Michelangelo für die Freimaurer»; höchstpersönlich hatte der Monarch 1908 den Vorschlag der Akademie auf die Verleihung des Ordens Pour le mérite abge- lehnt. 1906 hatten Weimarer Künstler gegen die «Frechheit dieses Ausländers» prote- stiert, der sein «Künstlerkloakenleben» schamlos vor deutschem Publikum im Museum ausbreiten durfte. Das Kathedralenbuch dokumentiert die Wende gegen solchen Chauvi- nismus, der am Kriegsende vor einem Scherbenhaufen stand. Rodin war als Zeuge geisti- ger Verwandtschaft aufgerufen. Die Kunstgeschichte hat diese Ansicht immer wieder hervorgehoben: Schmoll schreibt gar von «Germanismen» in der Kunst des Meisters. Die deutschen Entdecker verglichen Rodin mit Richard Wagner. Rilke, der ein paar Monate als Rodins Privatsekretär amtete, schrieb über dessen Werk seine erste Prosaarbeit. Für Georg Simmel war Rodin der moderne Künstler schlechthin. Zwischen Simmels Rem- brandt-Monographie von 1916 und Rodins Kathedralenbuch bestehen Ähnlichkeiten. Beide Buchtitel müssen die Erwartungen des Kennertums enttäuschen. Das angekün- digte Thema dient nur als Leitmotiv, um das sich ein ästhetischer Disput und kulturkriti- sches Räsonnement rankt. Rodins Rhetorik stimmt ein in den Tenor von Traktaten und Kampfschriften deutscher Lebensreformer um die Jahrhundertwende. Im glimmenden Schatten gotischer Kreuzgratgewölbe sah Rodin das Helldunkel Rembrandts schimmern – Simmels «Rembrandt» brauchte er nicht gelesen zu haben; solche Gedanken gehörten zum Zeitgeist, der die nationalen Grenzen unbemerkt überwindet.

Das Kathedralenbuch belegt ein Stück Mentalitätsgeschichte; es zeugt für die Go- tikauffassung des Symbolismus und des Jugendstils, die einem wissenschaftlichen Bild des Mittelalters weder genügen können noch wollen. «Gotik» ist kulturkritisches Pro- gramm. Die großen Themen der Jahrhundertwende kommen zur Sprache. Das Verdikt über das Industriezeitalter bildet das Leitmotiv. Während die Ablehnung der Fort- schrittsgläubigkeit wieder aktuell anmutet, wird die Idealisierung der Frau zur Jugend- stilmadonna heute nicht mehr ungeteilten Beifall finden. Mit Unbehagen auch liest sich von der «Rasse» – jenem epochalen Modewort, dem die Wirkungsgeschichte bald das Kainsmal einbrennen sollte. Rodins Buch erschien zu einer Zeit, als der Nationalismus allenthalben einen Höhepunkt erreicht hatte. So wurde die Gotik zum französischen Erbe geschlagen – die Deutschen beanspruchten sie auch. Gotik stand für nationale Werte; die kulturelle Akropolis sollte nicht im fernen Athen, sondern in Chartres und Reims stehen. Der Künstler des Nonfinito meinte allerdings nicht jene Gotik, wie sie das 19. Jahrhundert schon schätzte: jene Gotik der Denkmalpfleger, die mit gutgemeinten

Eingriffen historische Substanz zerstörten. Rodin war Absolvent der Ecole Spéciale de Dessin et des Mathématiques, wo einst Viollet-le-Duc, der Lehrmeister historistischer Neugotik, unterrichtet hatte. Später verdiente Rodin als Steinmetz seinen Lebensunterhalt und faßte in der Praxis seine Abneigung gegen das Restaurieren. Wie Balzac trug er zum Arbeiten die weiße Dominikanerkutte: Das mittelalterliche Kostüm verwandelte sich am modernen Künstler zum Reformkleid. Der historische Rückblick diente als Folie einer kulturellen Neubesinnung; darin berührt sich die Ästhetik des symbolistischen Künstlers mit dem Expressionismus. Auch die Bildnergeneration von Käthe Kollwitz und Wilhelm Lehmbruck unterlegte der neuen Formensprache die «gotisch» bewegte Linie.

In den «Kathedralen Frankreichs» münden Architekturgeschichte und Kulturkritik immer wieder in die Ideenwelt des eigenen Schaffens. Rodin hat das Buch als kunsttheoretisches Vermächtnis angesehen. Allerdings war er in seinen letzten Lebensjahren freigiebig mit dem Abfassen von Testamenten. So hinterließ er zwei künstlerische Vermächtnisse, die als «Mein Testament» überschrieben sind: das eine publiziert im Kathedralenbuch (S. 178), das andere als Manuskript im schriftlichen Nachlaß (veröffentlicht in der Neuauflage von «L'art, entretiens réunis par Paul Gsell» Lausanne 1953; Die Kunst, Zürich 1979). Rodin hat kein geschlossenes Konzept wie sein deutscher Generationsgenosse, der Bildhauer Adolf von Hildebrand. Dessen vielbeachtete Schrift über «Das Problem der Form in der bildenden Kunst» (1893) bedient sich der Begrifflichkeit einer philosophischen Ästhetik. Rodin denkt konvulsivisch, wie seine ringenden Figuren; seine Sprache inspirierte sich an Victor Hugo, an Baudelaire und Nerval. Die Originalausgabe ist eingeleitet von Charles Morice (1860–1919), dem Kunstkritiker, Dichter und Theoretiker des Symbolismus. Unschlüssig, dieses Vorwort übersetzen zu lassen, schrieb Kurt Wolff am 28. September 1916 an Brod: «An sich wird das Buch mit dem Text von Rodin allein nicht umfangreich genug, und es wäre gewiß verständiger, von einem berufenen deutschen Forscher eine Einleitung über die Geschichte der Kathedralen schreiben zu lassen.» Der Verleger fürchtete zunächst wohl, die stark persönlich gefärbte Darstellung eines französischen Künstlers kommentarlos abzudrucken. Offenbar fand sich aber kein «deutscher Forscher», der sich für Rodin verwenden ließ, und so erschien der künstlerische Reisebericht schließlich ohne wissenschaftliches Geleitwort.

Seit Mitte der 1860er Jahre setzte sich Rodin zeichnend mit Architektur auseinander. Er betrachtete seine Skizzen nicht als autonome Kunstwerke, sondern als analytische Studien vor dem Objekt, als Sehhilfen und Beobachtungsprotokolle. Alle sind undatiert. 392 Blätter besitzt das Musée Rodin Paris und über 800 das Rodin Museum Philadelphia; sie gehören zu den weniger bekannten Aspekten des Werks. Die 100 Zeichnungen, die Rodin dem Verleger Armand Colin für die Publikation lieh, waren unsigniert; seine Initialen schrieb er erst auf die Reproduktionen. Diese befinden sich heute in Philadelphia. Eine vollständige Neuauflage kam nie zustande, weil die Klischees der Zeich-

nungen verlorengingen. Der Originaltext wurde 1921 ohne Illustrationen erstmals nach-
gedruckt. Die deutsche Übersetzung von Max Brod brachte eine Auswahl von 32 Archi-
tekturskizzen. Seine Version wurde 1935 und 1964 neu herausgegeben. 1941 und 1948
erschien in Berlin eine weitere Übersetzung von Arthur Seiffhart. Die vorliegende Neu-
ausgabe bringt die Brodsche Übersetzung, versehen mit 36 Abbildungen nach den Reproduktionen der Ausgabe von 1914. Ähnlich wie Walter Benjamin, der in der techni-
schen Reproduktion den Verlust des Auratischen feststellte, empfand Rodin Fotografien
als «von unerträglicher Härte und Trockenheit» (S. 49). Aus diesem Grund wurde auf
eine Gegenüberstellung von Skizzen und fotografischen Abbildungen verzichtet. Das
Buch belegt die Arbeit des Künstlers, der einen Baukörper durch den Akt des Zeichnens
erfassen wollte.

Die Reiseskizzen sind unabhängig vom Text entstanden und stehen mit diesem
somit nicht in direktem illustrativem Zusammenhang. Entsprechend der französischen
Originalausgabe sind die Tafeln vorliegender Neuauflage in selbständigem Rhythmus
eingestreut.

Beat Wyss

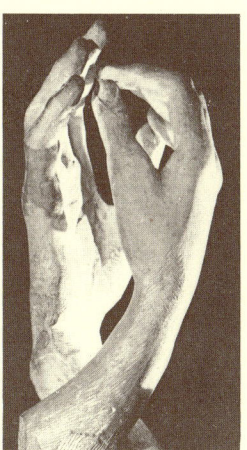

«Die Kathedrale»
1908

Tafelverzeichnis

Ortsregister

Personenregister